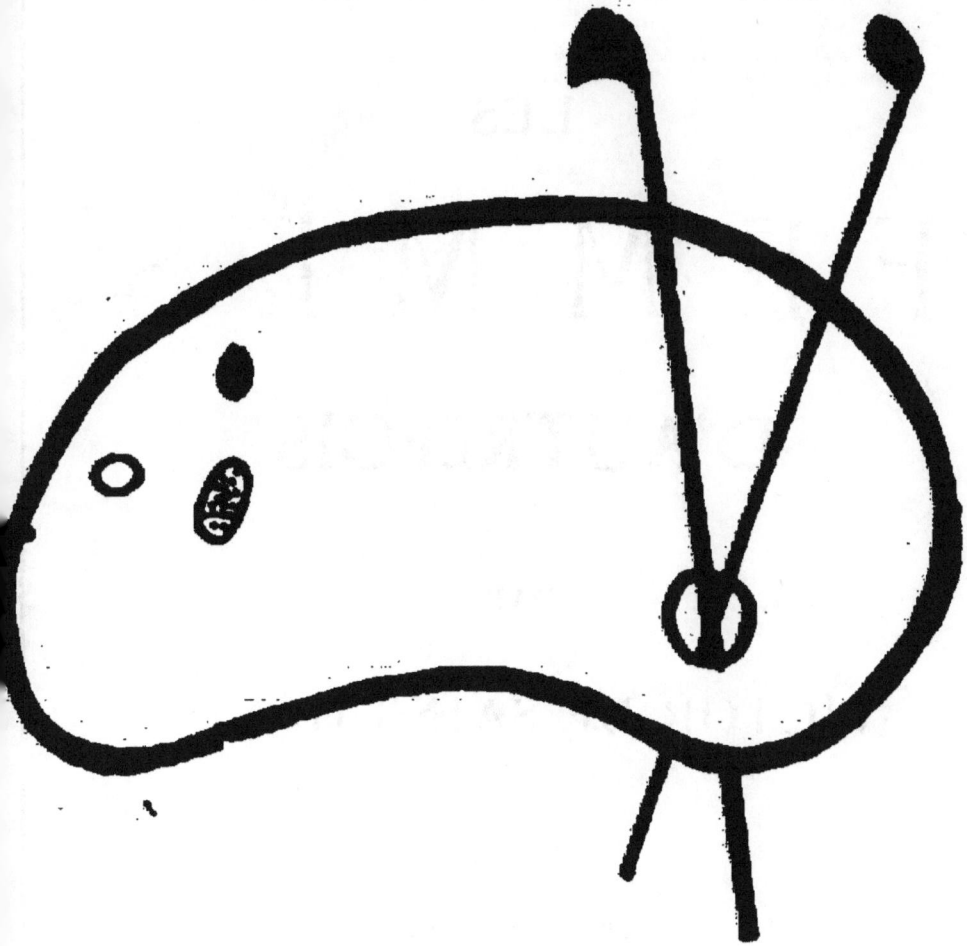

COUVERTURE SUPERIEURE ET INFERIEURE
EN COULEUR

ÉTUDES HISTORIQUES SUR LA SAVOIE

LES
FEMMES
D'AUTREFOIS

PAR

VICTOR DE SAINT-GENIS

PARIS

LIBRAIRIE ACHILLE FAURE

3?, Quai des Grands-Augustins, 3?

1869

OUVRAGES DU MÊME AUTEUR :

Histoire de Savoie d'après les documents originaux, depuis les origines jusqu'en 1860. — 3 vol. in-8° avec 140 documents inédits. — 1868.

Soixante ans de l'Histoire de Savoie (1499 à 1559). In-4°. — 1865.

Réflexions sur l'Alesia de Savoie et le chapitre X de l'Histoire de Jules César. — 1867.

EN PRÉPARATION

LES FEMMES D'AUTREFOIS :

délaïde de Savoie, Duchesse de Bourgogne (1712).

La Comtesse de Sault (1590).

La Marquise de Prie (1725).

Marguerite Avet (1793).

Louise - Gabrielle, Régente d'Espagne (1714).

Arras, typ. Rousseau-Leroy.

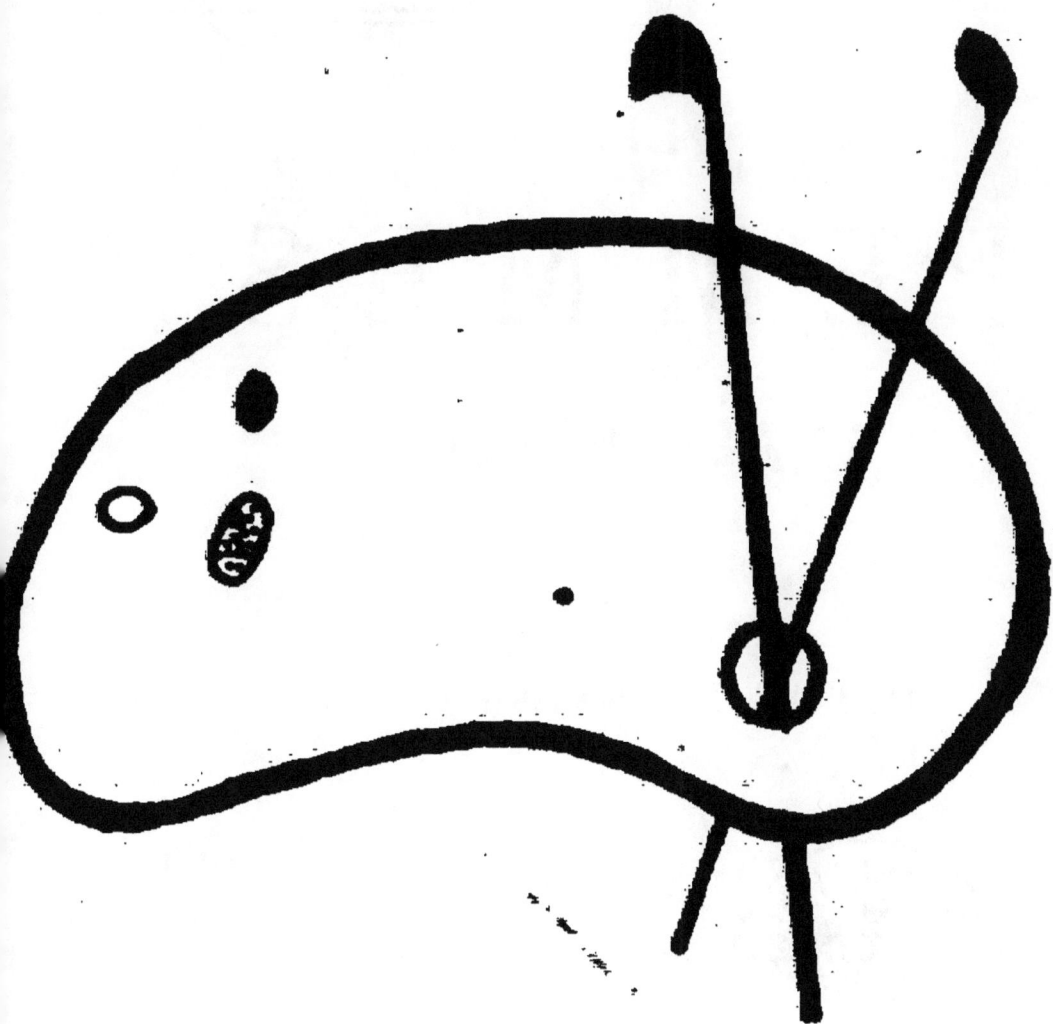

LES

FEMMES

D'AUTREFOIS

PAR

VICTOR DE SAINT-GENIS

PARIS

DIDIER & Cⁱᵉ, ÉDITEURS

35, Quai des Grands-Augustins, 35

—

1869

Première Étude

———

LES FEMMES D'AUTREFOIS

———

JACQUELINE DE MONTBEL

VEUVE DE COLIGNY

(1561-1599)

> Le célèbre cardinal Orsi, ayant entrepris
> une réfutation de Fleury, y trouva tant
> d'erreurs qu'il se détermina à écrire une
> nouvelle histoire ecclésiastique, croyant que
> l'unique réfutation d'une mauvaise histoire
> était une bonne histoire.
>
> (Lettre de Joseph de Maistre à Mme Swetchine,
> du 31 juillet 1815.)

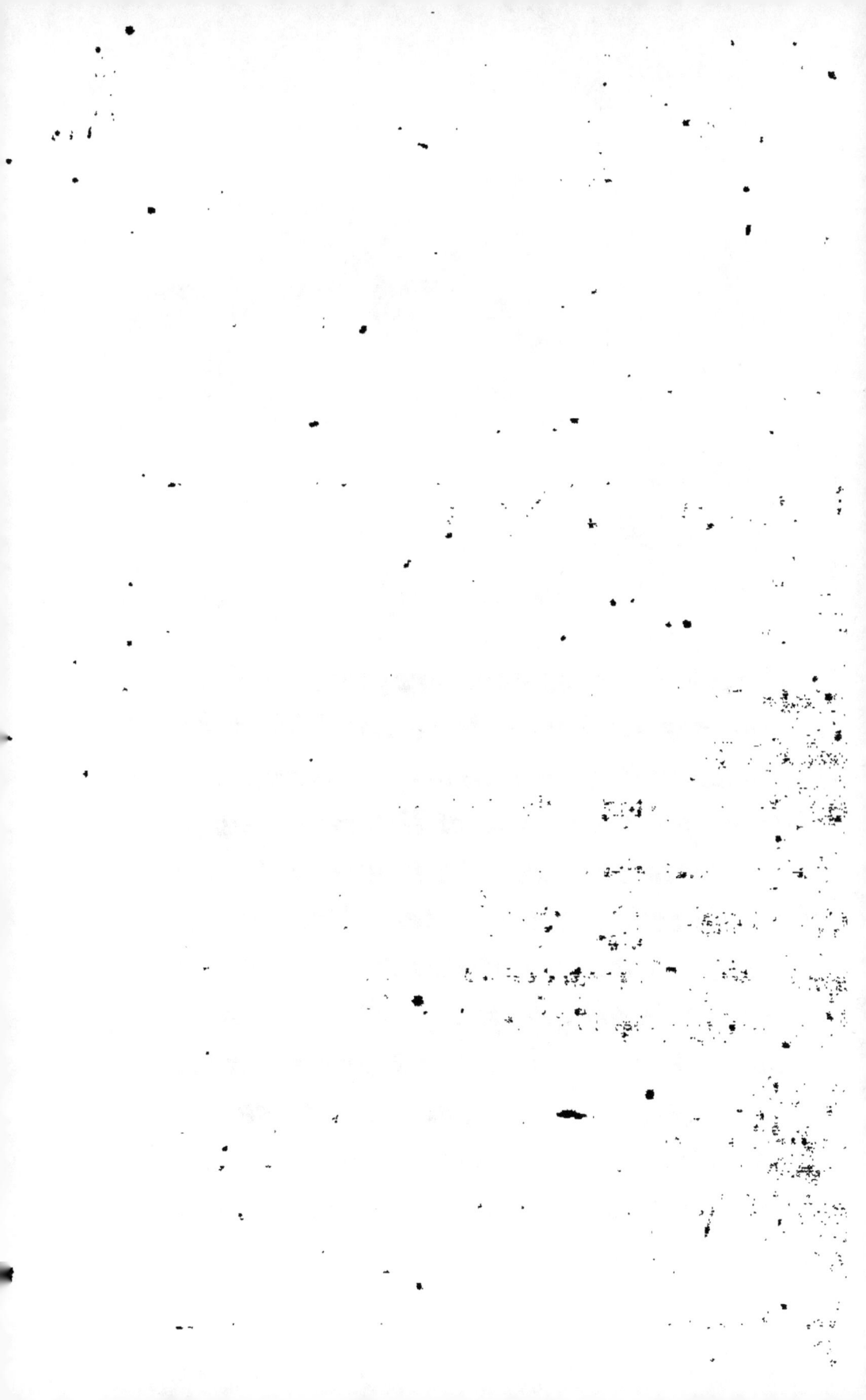

J'étais, dans les derniers jours de l'automne, sur les bords de ce lac Léman où le penseur retrouve tous les jalons de notre histoire philosophique et littéraire, où le poète ressaisit dans l'air une note du chant de tous ses devanciers. Vous pourriez supprimer les annales de nos vieilles provinces, *a dit quelque part un homme d'esprit*, tous nos livres ont germé sur les rives du lac. *Tout ce qui a aimé, pensé, vécu, lutté dans le monde est venu, en effet, y chercher un asile, le repos ou le*

1

bonheur. Quels tableaux variés, depuis les châtaigneraies du Chablais, les vignes de Veyteaux et de Vevey, les roches de Meillerie [1], les bois silencieux de Chillon, jusqu'à ces cîmes étincelantes que rougit le soir et ces paisibles horizons que la lune éclaire au-delà des flots harmonieux. Diday, Calame ont senti le charme de ces beautés caressantes et de ces austères sommets. Salvator, le Guaspre, Poussin, eussent été dignes de traduire aux yeux ces Alpes ruisselantes d'argent en fusion, ce bleu profond des eaux, cette transparence de l'air.

Je n'ai jamais revu sans émotion Genève, étroite enceinte qui fut le refuge, à tous les siècles, des opinions persécutées et des libertés compromises ; capitale de l'univers moral après Athènes, Rome et

[1] Qui ne se rappelle à ce nom la lettre de Saint-Preux : *La roche est escarpée, l'eau est profonde, et je suis au désespoir.*

Paris. J'y trouvais un véritable ami, de ceux qui ont le naturel, le désir d'être utiles, et l'oubli de soi : il en est jusqu'à trois que je pourrais compter.

Mon ami a charge d'âmes par profession ; de plus, il est historien. C'est vous dire qu'il a toujours un petit doute à calmer ; c'est la soif de tous les instants. Sainte Histoire l'exauce parfois, quoique hérétique ; mais combien de problèmes à résoudre lui livrent ses prisonniers ! Sa grande préoccupation est d'apprendre, car il sait beaucoup ; son plus vif désir de donner une consolation, de panser une plaie de l'âme ; et il y réussit. Il prend le même plaisir à remettre sur ses pattes le hanneton qu'un enfant a retourné,

« Cet âge est sans pitié, »

qu'à découvrir au fond d'un chiffonnier

en bois de rose, une lettre inédite de Jean-Jacques.

Ses filles et lui sont doucement conduits par la main d'une de ces femmes modestement héroïques qui donnent à chaque nation, par leur influence énergique, mesurée, permanente, ce je ne sais quoi de passionné qui forme jusque dans la politique leur tempérament moral. Tels hommes de notre histoire contemporaine ont dû l'effort suprême, les vertus publiques qui firent leur gloire au contact journalier, au travail intérieur et domestique de femmes qui voyaient dans la vie autre chose que les moyens vulgaires de vivre à l'aise et qui se souciaient des affaires de l'État, et dirigeaient vers un idéal plein de grandeur le devoir, l'ambition de leur mari. Heureux qui sent auprès de soi l'une de ces âmes bien trempées et qui s'enveloppe de sa fortifiante inspiration !

Dans ce salon du vieux Genève, dont les fenêtres s'ouvrent sur les maronniers de la Treille, et d'où le regard embrasse les pentes du Jura, les sommets du Wuache et du mont de Sion, au milieu des fleurs qui rappellent à la grande dame exilée le luxe familier du nord, une brochure attira mon attention ; j'en feuilletai les pages et leur vivacité paradoxale me surprit. C'était aussi l'histoire d'une femme ; celle de Jacqueline d'Entremont, la veuve de Coligny [1]. Je transcris les phrases les plus mesurées de ce pamphlet semi-politique, semi-religieux :

« Il se rencontre parfois dans les secrets replis d'une âme dégradée par la haine, le fanatisme et la cupidité, des accumulations de bassesses qui fermentent sourde-

[1] *Société de l'histoire du Protestantisme français. Bulletin du 15 mai 1867. Étude hist. par le comte Jules Delaborde. Jacqueline d'Entremont, pages 233, 235, 238 et 241.*

ment et dont l'explosion révolte quiconque porte en soi le sentiment de l'honnête et du juste. Formé à la double école de Charles-Quint et de Philippe II, fauteur constant des excès d'intolérance du gouvernement français, Philibert-Emmanuel que ses panégyristes nous signalent comme un zélé protecteur des Jésuites de Turin et de Chambéry, des Capucins de N.-D. de Campagna, des Chartreux de Mondovi et des Observantins de Fossano, avait en horreur les protestants de toute nation, de tout rang et de tout âge. On ne sait que trop quelles persécutions il fit subir, depuis son retour des Pays-Bas, à ses sujets des vallées du Piémont, et plus tard aux réformés français qui, après la Saint-Barthélemy, s'étaient réfugiés en Savoie. Ii éprouvait pour l'homme supérieur, en qui se résumait la plus haute expression du protestantisme français, pour Gaspard de Coligny, une aversion qu'augmentait encore le souvenir de l'héroïque défense de St-Quentin, etc. »—«...Il s'attaqua lâchement à une femme sans défense et à un enfant au berceau. Brutalement arrachée à sa retraite de St-André-de-Briord en Savoie, la comtesse de Coligny fut jetée en prison. Sans être encore assouvies, la haine et la cupidité du duc obtenaient une première satisfaction puisqu'il demeurait maître de la personne de sa prisonnière, de ses biens et du sort de son enfant. Cet odieux attentat eut en Europe un immense retentissement et y souleva l'indignation générale.

« . . . . . Le duc y répondit par le paroxysme de l'autocratie et de l'arrogance.

« . . . . . Vingt ans se passent. Philibert-Emmanuel n'existe plus. Digne héritier de son autocratie, de sa haine et de sa cupidité, Charles-Emmanuel, son fils, redouble de cruauté contre la noble martyre . . . . »

Je venais de vivre dans l'intimité du

duc Emmanuel-Philibert dont j'avais
étudié à Bruxelles, et surtout à Turin,
la volumineuse correspondance. J'y avais
trouvé les marques d'un génie supérieur,
d'une âme généreuse, fort au-dessus des
inclinations et des préjugés de cette
époque ; un sentiment vif et sincère de
l'humanité s'accuse chez ce prince par
des preuves non équivoques. Je pris dans
cette étude approfondie qui se rattachait
à d'autres plus complètes, la conviction
que le duc Emmanuel-Philibert fut un
grand prince, le plus accompli de ceux
du XVIᵉ siècle, le meilleur sans contre-
dit ; l'on est étonné de rencontrer
dans le préambule de ses édits les pen-
sées de réformes sociales dont quelques
essais ont immortalisé Colbert et Turgot.

Cette contradiction étrange entre les
faits connus du duc de Savoie et les in-
tentions odieuses dont l'écrivain protestant chargeait sa mémoire, me poussèrent

à éclaircir à mon tour l'épisode mysté-
rieux dont le comte Delaborde soulevait
à demi les voiles. Je recherchai et je lus
les dépêches diplomatiques, les instructions secrètes des agents helvétiques, je
repris une à une, dans les mémoires contemporains, les impressions causées par
les incidents de cette ténébreuse affaire ;
puis, quand je voulus réfuter le pamphlet,
je m'aperçus, ainsi que le comte de Maistre
le faisait observer à propos de l'abbé
Fleury, que l'unique réfutation d'une
mauvaise histoire étant une bonne histoire, je devais raconter à nouveau les
malheurs de Mme d'Entremont.

C'est le sujet de ce petit livre. Ami
lecteur, sois indulgent à cet essai. Ce
n'est point une plaidoirie, encore moins
un pamphlet ; je laisse aux faits à con-
tredire la légende, aux textes originaux
à dissiper l'exagération.

1.

A vous Genevoises, Savoyennes, femmes aimables et sérieuses, que Dieu pétrit avec la neige des Alpes et le soleil italien, je dédie ces pages où se révèlent la vertu, la foi héroïque, le renoncement admirable d'une de vos plus illustres grand'mères.

Notre siècle transige avec tout ; l'affaissement des caractères et la vénalité des consciences sont les signes du temps. Le monde ne compte plus avec le talent et la vertu, mais avec des joueurs maladroits ou de rusés compères. C'est aux femmes à réagir contre cette peste morale. Les femmes résument en elles l'ardeur, les convoîtises ou les suprêmes efforts d'un siècle, de même que la foudre concentre et dégage l'électricité d'une chaude journée. Mais l'orage rafraîchit plus souvent qu'il ne foudroie. Les femmes ont sauvé plus d'âmes qu'elles n'en ont perdu, ranimé plus de cœurs qu'elles n'en ont brisé. A elles de ressaisir la tâche un instant interrompue ; à elles d'imposer à leurs fils, par l'enseignement de la famille, cette fierté du devoir qui ennoblit l'individu, cette indépendance du caractère qui fait la grandeur et le salut des peuples.

Jacqueline de Montbel.

—

IE LES ESPREVVES TOVS.
Devise des Coligny.

La famille des Coligny, si grave dans la
pratique des affaires, héroïque dans le dé-
tachement de la vie et le dévouement au
devoir, est admirable aussi par les côtés
les plus intimes de son existence à travers
les tempêtes sociales du XVIᵉ siècle. Ces
grandes figures de Gaspard de Coligny, de
son frère Dandelot, se détachent, sombres,
austères, des sinistres clartés de la guerre
civile ; marqués du sceau fatal, ils passent

silencieux, bien au-dessus, semble-t-il, des passions humaines. Et pourtant, leur âme fut touchée de la pure flamme de l'amour ; ces cœurs bronzés aux rudes émotions d'impitoyables combats s'ouvrirent au plus délicat sentiment. La poésie de certaines heures, le chevaleresque élan qui, jusque dans l'âge mûr, passionna ces âmes qu'on croit insensibles, l'imprévu, le roman, le charme des aventures qui associèrent de nobles femmes à leurs destinées compromises, jettent une étrange et vive lumière sur les portraits méditatifs de ces deux héros de l'histoire.

Vers 1564, une grande dame de Lorraine, née princesse de Salm et veuve du seigneur d'Assenleville, jura qu'elle n'aurait d'autre époux que Dandelot. Tous les siens, fervents catholiques, s'y opposèrent en vain. En vain, on lui montra que, ses terres étant sous les murs de Nancy, c'est-à-dire dans les mains du duc de Lorraine et des Guises, elle ne pouvait même faire la noce qu'au hasard d'une bataille. Rien ne la détourna. On me saura gré de laisser ici parler Michelet :

« Dandelot, sommé de venir pour cette agréable aventure en pays ennemi, prit avec lui cent hommes déterminés, et, quoiqu'il sût que tous les Guises fussent justement alors chez le duc, il arriva à Nancy. On lui refuse l'entrée par trois fois. Il ne s'arrête pas moins dans le faubourg, y rafraîchit ses cavaliers. Puis, en plein jour et à grand bruit, la cavalcade s'en va au château de la dame. Au pont-levis, tous tirent leurs arquebuses. De quoi tremblèrent les vitres des Guises, qui étaient en face, à peine séparés par une rivière. Et leurs cœurs en frémirent. Le cardinal gémit. Le petit Guise (il avait quatorze ans) dit : Si j'avais une arquebuse, pour tirer ces vilains !... Cependant, trois jours et trois nuits, on fit la fête, bruyante et gaie, plus que le temps ne le voulait, pour faire rage aux voisins. Puis, madame Dandelot, montant en croupe derrière son héros, *et disant adieu à ses biens*, le suivit, fière et pauvre, aux hasards de la guerre civile [1]. »

La caractéristique de ces mariages passionnés où, non point troublée par l'imagination pure, ni fascinée par le mirage de la gloire, mais déjà sérieuse, mûrie par la vie complète, la femme raisonne et ne s'offre qu'à bon escient, c'est l'audacieuse gaieté avec laquelle ces dames d'un sang presque royal désertent leurs seigneuries pour la pauvreté.

Beaucoup plus tard, Louise de Coligny, fille de Gaspard, nièce de Dandelot, s'associe librement à des périls semblables :

« Petite femme très-bien faite, dit le vieil ambassadeur du Maurier, d'un teint

---

[1] *Histoire de France* au XVIᵉ siècle ; *les Guerres de religion* (édit. de 1856, 330).

animé, qui avoit les plus beaux yeux; une parole douce et charmante, un raisonnement persuasif, un parfum d'honneur et d'estime que l'on sentoit autour d'elle, une angélique bonté, la rendaient irrésistible. »

Quand elle consulta son père sur le choix d'un époux, parmi les riches et superbes prétendants qui briguaient la main de l'héritière de l'amiral de France, il lui répondit : *le plus pauvre.* Et il lui donna Téligny, malheureux jeune homme que les gentilshommes du duc d'Anjou prirent plaisir à tirer, sur un toit, dans la nuit de la Saint-Barthélemy.

Guillaume d'Orange, à l'apogée de sa gloire, au lieu de demander pour femme quelque princesse d'Allemagne qu'il eût aisément obtenue, fit de même, épousa *la plus pauvre,* madame de Téligny, restée sans aucune fortune qu'un petit bien dans la Beauce, où elle vivait. En 1584, Guillaume le Taciturne est assassiné par un fanatique, et Louise de Coligny le voit presque mourir sous ses yeux, comme son père, comme son premier mari.

Coligny et Dandelot, ces frères-lions ainsi que les appelaient leurs soldats allemands, n'eurent pas de plus belles journées qu'aux batailles de Dreux, de Saint-Denis et de Moncontour, trois défaites. Le 19 décembre 1562, tandis que le connétable de Montmorency chargeait avec ses gens d'armes, Dandelot, tremblant la fièvre, se jette sur les Espagnols sans avoir eu la force de mettre son armure, enveloppé d'une robe fourrée qui, deux heures après, n'était plus qu'un veston tailladé par les coups d'épée; les rudes cavaliers de Coligny le dégagent. Le 10 novembre 1567, les mêmes capitaines se retrouvent en présence sous les murs de Paris. Le connétable mena ses escadrons au combat avec tant d'ardeur et de vitesse que ses fan-

tassins ne purent le suivre ; les protestants,
avec la casaque blanche et le pistolet, le
séparèrent du gros de l'armée, si bien
qu'au bout d'une heure tout ce qu'il y
avait de gens avec lui fut meurtri ou pris.
Montmorency était digne de tenir tête à
Coligny.

« Ce vieillard avec quatre blessures au
visage et un grand coup de hache d'armes
sur le front, dit l'italien Davila [1], ne lais-
soit pas pourtant de combattre fort vail-
lamment et taschoit de remettre les siens
en ordre lorsque Robert Stuart lui porta
le pistolet au visage. — *Tu ne me connais
pas !* cria le connétable. — *Je te connais
si bien,* répliqua l'écossais, *que je te porte
celui-ci parce que c'est à toi que j'en veux !*
— Et, ce disant, il lui lascha le coup dans
l'épaule par la violence duquel il chut à
terre. Montmorency de ce reste d'épée qui

[1] *Histoire des guerres civiles de France* (édit. de
Paris, 1657).

lui demeura en main, la lame s'estant
rompüe, en donna un si grand coup sur le
visage de Stuart qu'il lui cassa trois dents,
lui brisa la mâchoire, et le mit bas comme
pour mort. D'Aumale et d'Anville réta-
blirent le combat. Le connétable mourut
le lendemain, disant au moine qui le vouloit consoler : *Laisse-moi la paix. Ce
seroit chose honteuse d'avoir su vivre
quatre-vingts ans et de ne savoir mourir
un quart d'heure.* Coligny, emporté par
l'impétueuse fougue d'un cheval turc,
faillit estre pris. »

« A Moncontour, le 3 octobre 1569,
l'admiral ne s'espargna point et ne fit pas
moins bien le devoir de soldat que celui de
capitaine. Ayant esté rencontré par Philibert, marquis de Bade, à la teste de sa ca-
valerie, ils se chargèrent tous deux avec
tant de furie que d'un coup de pistolet que
tira le marquis l'admiral eut la mâchoire
cassée et quatre dents rompües ; mais en

mesme temps, il porta mort par terre cet ennemi d'un coup qu'il lui descharga dans la visière. Il ne cessa de combattre bien que son heaume regorgeast du sang de sa playe ; puis, les chevaux meurtris et accablés de lassitude ne pouvant plus courir, l'admiral sanglant et sans parole s'en alla joindre les princes et prit la route de Parthenay avec trois cents chevaux que quelques autres suivirent à la piste [1]. »

Cet homme de fer, qui usait dix chevaux dans un jour de bataille, avait des heures de fière tristesse où son langage devenait l'écho biblique des désespérances humaines. Une nuit, après Vassy (mars 1562), Coligny, muet et sombre, songeait. Sa femme, Jeanne de Laval, pleurait sur ses croyances compromises, ses amis menacés : — *Être tant sage pour les hommes,* dit-elle, *ce n'est pas être sage à Dieu.* —

---

[1] **Davila**, *loco citato.*

Mettez la main sur votre sein, madame, répondit enfin l'amiral, *sondez votre conscience..... Est-elle bien en état de digérer les déroutes, les hontes, les reproches du peuple qui juge par le succès; les trahisons, les fuites, la nudité, la faim, la faim de vos enfants..... la mort par un bourreau, votre mari traîné..... Je vous donne trois semaines encore.* — Mais elle dit impétueusement : *Ne mets pas sur ta tête les morts de trois semaines* [1] *!*

On sait le reste. Les fatalités acharnées sur cette famille semblaient attirer autour d'elle les cœurs tendres. Le privilége de certaines âmes est de pressentir le malheur et de se dévouer aux condamnés de la fortune. En 1568, Coligny perd la mère de ses quatre enfants; en 1569, meurt son

---

[1] *Mémoires de l'État de France sous Charles IX* (édit. de Middelbourg, 1578).

frère Dandelot ; en 1570, son frère Odet, l'ex-cardinal. Épuisé par les fatigues de la guerre et la responsabilité de l'avenir, il revient du midi, en litière, ne pouvant plus monter à cheval, s'abreuvant jusqu'à la mort *des misères et des hontes de son propre parti* [1]. Il avait cinquante-trois ans ; ce n'était plus qu'une ombre.

C'est ce moment que choisit la plus riche héritière des Alpes pour rompre avec sa famille et se dévouer à l'agonie d'un soldat. Jacqueline de Montbel, comtesse d'Entremont, était l'une de ces beautés frêles qu'on croit paresseusement impuissantes et dont l'énergie soudaine et patiente déconcerte la vanité des hommes. Jeune, charmante, poursuivie d'hommages, regrettée à la Cour du Louvre, recherchée à celle de Turin, élevée dans un milieu

[1] Lire la lettre de Ramus à Bullinger, du 3 mars 1572.

tout catholique, cette femme à l'esprit viril ambitionna de remplir sa vie autrement que par la dissipation et les élégances et se fit *la servante* d'un héros. Sans doute, elle ne prévoyait pas qu'elle dût payer ce bonheur par vingt-six années d'angoisses et de captivité ; mais elle les subit avec une sérénité qui rend le sacrifice complet, qu'on le juge en philosophe, en curieux ou en chrétien.

La famille de Montbel-d'Entremont est l'une des plus illustres de l'Europe ; Guichenon [1] en fait remonter l'origine connue à l'an 1047 et la rattache aux comtes de Flandre et aux rois de Lombardie [2]. Jacqueline de Montbel, comtesse d'Entre-

[1] *Histoire de la Bresse et du Bugey* (édit. de 1650, tome III, page 171).

[2] Montbel-d'Entremont porte *d'or à un lion de sable armé et lampassé de gueules à la bande componée d'hermines et de gueules de six pièces. Pour cimier, un aigle d'argent becqué d'azur ; pour supports, deux lions d'or.*

mont, marquise de Montelier et de Saint-André de Briord, dame de Saint-Mauris et de Nattage, naquit, vers 1541, de Sébastien de Montbel [1] et de Béatrix Pacheco, dame d'honneur d'Éléonor de Portugal, seconde femme de François Ier. Elle passa ses années d'enfance et de jeunesse sur les bords de la Loire et les rives de la Seine, dans ces palais enchantés que les Italiens ramenés à la suite de nos armées bâtissaient pour Diane de Poitiers et Anne de Pisseleu. Une tradition, qu'il est aussi mal aisé de réfuter que de prouver, suppose que la fille unique du comte d'Entremont fut cette jeune, fière et insensible Amalthée que Claude de Buttet, l'ami de Ronsard et le poëte favori de Marguerite de France, aima toute sa vie, sans espoir, et chanta en

[1] Quand, en 1568, Emmanuel-Philibert rétablit l'ordre de l'Annonciade, il en voulut recevoir les insignes des mains de Sébastien resté seul, dans une extrême vieillesse, des membres de la promotion de Charles III.

de si doux sonnets. Claude put rencontrer
un soir d'été, au soleil couchant, sur les
bords de la Seine,

Dans ces grands bois où ma douce nymphette
Portant son arc gentille alloit marchant,

cette blonde et délicieuse enfant que Ronsard appelait Cypris et Joachim du Bellay
une étoile captive. Les amours du XVIe
siècle étaient précoces. Le dauphin avait
quatorze ans quand on le maria à Catherine de Médicis. Les filles de ce temps,
étonnamment instruites par les livres, les
choses et les hommes, ressemblaient toutes
à Marie Stuart qui, *politique à dix ans, à*
quinze gouvernait la Cour, enlevait tout
de sa parole, de son charme, troublait
tous les cœurs.

Jacqueline, si ce fut Amalthée, avait
quelque ressemblance avec la jeune reine :
les cheveux d'un blond vénitien, l'œil vif,

la peau nacrée. Le poëte savoyen nous la
représente ainsi [1] :

Un teint rosin son pur lait couloroit,
Son œil lançoit une ardente étincelle,
Son sein poussoit d'une enfleure jumelle
Et son poil blond loin au vent s'égaroit.

. . . .
. . . .

Tu dévallas droit en ce monde bas
Pour y piller la joye et les ébas
L'esprit, le cueur et le repos des hommes.

. . . .

De quel rosier et de quelles épines
Cueillit Amour les roses de ton teint ?

L'art délicat de Sainte-Beuve et la saga-
cité rare de son érudition pourraient seuls
surprendre dans les sonnets de l'*Amalthée*
ou ressaisir dans les récits de Louis de

[1] *L'Amalthée de Marc-Claude de Buttet, gentilhomme savoyen avec le discours de Louis de Richevaux,
in-32. Lyon, 1575.*

Richevaux les preuves de ce galant mystère. Claude rêvait d'égaler Pétrarque ; *il a comme lui sa Laure*, dit-il. Il a pu choisir cette mignonne fée que caressaient les reines de la poésie, Stuart, d'Albret, Ferrare, Savoie, d'Heilly, dont elle resta l'amie de prédilection. L'enfant rieuse, rougissante, se détachait à merveille de cette nature, à la fois austère et provocante de Fontainebleau où le cœur, troublé par les ondoyantes cariatides de Jean Goujon et les peintures rabelaisiennes de Rosso, se retrempait sans effort dans la solitude et l'apaisement des forêts. Sept ans après ses premiers vers, Claude de Buttet accusait encore les sévérités d'Amalthée, moqueuse, disait-il, érudite, lisant Homère dans sa langue, comme toutes les femmes intelligentes du siècle, étudiant les étoiles [1], *les sœurs de ses*

---

[1] Les astronomes faisaient fureur ; on connaît les goûts de Jeanne d'Albret, les leçons et les oracles de

yeux vairs plus transparents que saphirs,
dissimulant le sérieux de son âme sous la
malice de son sourire :

Et le bon fruit dessous la feuille verte.

Le 16 février 1561, la fille du comte
d'Entremont épousa, malgré le duc de
Savoie et à la sollicitation pressante du
roi Charles IX, un brillant capitaine français, Claude de Bastarnay, comte du Bouchage et baron d'Anton, fils lui-même du
célèbre René de Bastarnay et d'Isabelle de
Savoie. Elle n'eut pas d'enfants. Claude
fut tué à la bataille de Saint-Denis, parmi
les gentilshommes du duc d'Aumale lorsque, à la tombée de la nuit, ils dégagèrent
le connétable et faillirent prendre Coligny.

Retirée au château de Saint-André de
Briord, en Bugey, près du Rhône, de 1567

Nostradamus, les relations d'études de Catherine de Médicis et de Cosme Ruggieri, etc.

2.

à 1571, Jacqueline se trouvait sur la route
des messagers qui, de Bourges, de La Rochelle, du Midi gagnaient Genève et l'Allemagne, se glissant entre la Franche-
Comté et la Savoie pour échapper aux
agents des Guises et recruter les soldats,
les diplomates et les banquiers des Protestants. Son manoir devint une étape.

Les récits de ces partisans, jeunes souvent, enthousiastes toujours, la passion-
nèrent à son tour. Les femmes d'alors
étaient le centre des intrigues politiques,
l'âme des discussions religieuses, le soutien
des lettrés et des artistes. Catherine de
Médicis, Jeanne d'Albret, la princesse de
Condé, les trois Marguerite (celles de Navarre et celle de Savoie), Jeanne de Laval
et tant d'autres avaient pesé sur les destinées du royaume. Ce que les femmes ne
font pas, elles l'inspirent. Jacqueline eut
cette ambition ; elle résolut de remplir
auprès du *roi des Huguenots* la mission

que son amie, la duchesse Marguerite, s'était donnée auprès d'un prince catholique. Souffrant de voir Coligny frappé coup sur coup dans ses plus chères affections, saisie d'admiration pour son héroïsme et ses malheurs, *elle brusla, comme elle disoit, de désir et d'impatience d'estre la nouvelle Marcie de ce nouveau Caton.*

Ce projet offrait d'autant plus de périls, que Jacqueline, fille unique, héritière des seigneuries de la famille de Montbel, possédait à peu près tout ce massif montagneux, coupé de gorges profondes, hérissé de châteaux-forts, qui va de la Grande-Chartreuse jusqu'aux défilés du Bugey, et qui, dans la main de soldats hardis, devenait une position inexpugnable, fermait la vallée du Rhône, commandait la route d'Italie. Ces considérations avaient déjà fort ému le duc de Savoie lors du premier mariage de madame d'Entremont avec le comte du Bouchage. Mais, qu'adviendrait-il de la colère du prince si, au lieu d'un serviteur du roi de France, d'un simple gentilhomme, d'un zélé catholique, Jacqueline allait encore épouser un étranger, et cette fois, un protestant, un grand seigneur, un chef de parti ?

« Tellement que le duc l'avoit souvent voulu marier à quelque italien, dit Davila, et que, ayant appris ses menées avec ceux de la religion, il appréhendoit fort que l'admiral, estant si grand et si puissant en ses intrigues, ne se servît du voisinage de Genève comme d'une favorable occasion d'allumer en son pays ce mesme feu qu'il avoit allumé par toute la France. »

Depuis 1568, le duc Emmanuel-Philibert, préoccupé des hasards d'un mariage qui pouvait mettre aux mains d'un vassal dangereux le tiers de sa frontière française, peu rassuré par ce qu'il savait du caractère entreprenant de la jeune comtesse, songeait à prendre ses précautions contre toute éventualité [1].

Le droit du moyen-âge faisait de l'aveu préalable du suzerain une des conditions de tout mariage [2], afin que le service des rentes, les droits juridictionnels et les charges féodales ne devinssent pas la propriété d'un étranger dont la position, l'absence ou le mauvais vouloir, pouvaient préjudicier aux droits du prince. Le duc, s'emparant de ce principe, rendit à Turin, le 31 janvier 1569, un édit fort longuement et curieusement motivé [3], par lequel toute fille ou femme, héritière de fiefs, qui épouserait un étranger sans l'exprès consentement du prince, serait, par le fait seul du mariage, à l'instant privée de tous

[1] Voir, pour l'état politique du duché de Savoie en 1569, les chapitres III et IV du tome second de mon *Histoire de Savoie d'après les documents originaux*.

[2] Marquis de Valbonnais. *Histoire du Dauphiné*, tome II, page 592.

[3] Voir à la fin de ce livre : PREUVES, *Document n° 1*.

ses droits civils, *de telle sorte que sa succession s'ouvrît aussitôt non pas au profit de ses enfants, mais au profit de ceux qui auroient eu droit à ses biens si cette fille ou femme n'eût jamais existé.*

L'édit, enregistré au Sénat de Savoie le jour même de l'arrivée du messager de Turin, fut aussitôt lu et publié, le 12 février, par les carrefours de la ville de Chambéry, au son de la trompe et du tambourin; on fit de même dans tous les bourgs et fiefs des dix provinces de langue française. Madame d'Entremont sentit le coup dirigé contre elle. Elle s'opiniâtra dans son projet, et y apporta, comme c'est le penchant ordinaire des femmes, d'autant plus d'énergie qu'on avait pris de plus sérieuses précautions pour en empêcher l'exécution.

Le traité de Saint-Germain (8 août 1570) venait de consacrer en France l'existence légale des protestants. Les quatre places de sûreté qu'avait conquises Coligny, le port de La Rochelle, La Charité-sur-Loire entre Paris et l'Auvergne, Cognac sur la route du Midi, Montauban au pied des Cévennes, si elles restaient aux mains des Huguenots, rendaient impossible une troisième guerre civile.

Dès le mois de novembre, Charles IX, qui eût été un grand roi s'il n'avait eu pour mère Catherine de Médicis, et pour frère le duc d'Anjou, lutte contre Philippe II dont il déconcerte les projets en épousant la fille cadette de l'empereur, en écartant Henri d'Anjou, en se rapprochant de l'amiral. Coligny entraînait avec lui tout un monde ; et, comme les grandes âmes que le malheur a marquées, il se sentait isolé dans son triomphe. Aux dernières semaines de 1570, madame d'Entremont écrit à l'amiral *qu'elle veut épouser un saint et un héros, que ce héros c'est lui.* Coligny refuse : *Je ne suis qu'un tombeau,* disait-il. Mais tous, ses amis de batailles, ses amis de l'étranger, les chefs des religionnaires, tous exigèrent qu'il se remariât ; cette veuve enthousiaste apportait en dot des positions formidables qui pouvaient servir le parti, ses seigneuries étaient une porte ouverte sur Genève. *Coligny*, remarque Michelet, *était trop honnête homme pour n'épouser que ses fiefs ; il aima fortement celle qui adoptait ses enfants.*

En février 1571, madame d'Entremont quitte furtivement Saint-André de Briord où le duc de Savoie la faisait surveiller, descend le Rhône jusqu'à Lyon sur une frêle barque, monte à cheval et gagne La Rochelle à travers mille périls, escortée de cinq amis dévoués. Le 24 mars, elle épouse Coligny ; elle avait trente ans.

« Elle portoit à ceste occasion, dit un chroniqueur [1], une robbe à l'espagnole de

[1] Cité par du Bouchet : *Histoire de l'ill. maison de Coligny*, etc. (édit. de Paris, 1662).

toile d'or, noire avec des bandes de broderie de canetille d'or et d'argent et par dessus un pourpoint de toile d'argent blanche en broderie d'or avec de gros boutons de diamant. »

Elle n'en était pas moins aussi pauvre que le dernier des arquebusiers allemands qui escortaient sa litière. L'édit de 1569 creusait un abîme entre elle et les Alpes.

En septembre, l'amiral fut mandé à Paris par le roi qui *le vouloit retenir près de luy pour s'en servir en ses plus graves affaires, comme ministre digne, la vertu duquel estant assez cogneue et expérimentée* [1]. Dans le sauf-conduit envoyé *à madame l'admirale*, le roi l'appelle *sa belle cousine*. Charles IX aimait tout ce qui était charmant et tout ce qui était

---

[1] Contrat de mariage du 24 mars 1571 (Du Bouchet, *Preuves de l'hist. de la maison de Coligny*, édit. de 1662, page 551). — *Sauf-conduit* du 24 septembre 1571 (Bibl. imp., ms.-coll. Dupuy, vol. LXXXVI, 148).

fort. Quelles que soient les accusations de l'histoire, ce roi, qui eut des éclairs de génie, sera défendu par le souvenir de Marie Touchet et par ses admirables vers à Ronsard :

Ta lyre, qui ravit par de si doux accords,
T'asservit les esprits dont je n'ai que les corps.
Elle t'en rend le maître et te sait introduire
Où le plus fier tyran ne peut avoir d'empire.
Tous deux également nous portons des couronnes ;
Mais, roi, je les reçois ; poëte, tu les donnes.

En décembre, Coligny entre à Paris, à la droite de Charles IX ; il représente au jeune prince ce qu'exigent les intérêts du royaume : — rupture avec l'Espagne catholique, — rupture avec l'Angleterre protestante, pour ne se fier qu'aux seuls Français. Le 17 juin 1572, l'ambassadeur de France à Madrid menaçait encore Philippe II [1] ; en juillet, Charles IX écrit à

---

[1] *Correspondance de Gavarelle et de Morillon.*

son agent à Londres de régler avec Élisabeth le partage des Pays-Bas [1] ; puis, la défaite calculée des protestants à Mons (9 juillet) réveille la coalition espagnole. Le 18 août, les noces du roi de Navarre et celles du prince de Condé surexcitent le fanatisme du populaire, ameuté par les prédications ; le vendredi 22, l'amiral est blessé par Maurevert ; le dimanche 24, il est assassiné, et, pendant les heures de cette nuit de lâchetés, Charles IX, trahi, tombe dans les filets tendus par sa mère, par d'Anjou, par Gondi, par Birague, et se laisse surprendre l'ordre du massacre.

Les ennemis de l'amiral avaient tout prévu, sauf l'énergie de sa veuve réfugiée à Châtillon-sur-Loing et dont la première pensée fut de sauver les enfants de Coligny. Ne pouvant compter sur l'aide de son amie Renée de France, duchesse de Ferrare, ab-

---

[1] Fénelon, *Corresp. dipl.*, VII, 301 (édit. de 1840).

sente de Montargis et qui y fut ramenée, sous escorte, quelques jours plus tard, madame d'Entremont les fit, en secret et à la hâte, partir pour l'Allemagne sous la conduite de leur précepteur Le Gresle et d'un ami sûr. L'officier des gardes chargé d'enlever les enfants et le neveu de l'amiral [1] trouva la comtesse seule et la garda à vue [2]. Un arrêt du Parlement confisqua les biens de Coligny ; sa veuve dut abandonner le manoir de Châtillon, et, au lieu d'être brutalement jetée hors de

[1] L'ordre d'arrestation est du 25 août 1572 (*Mém. de l'Estat de France sous Charles IX. — Le Réveil-matin des François et de leurs voisins*, etc.).

[2] « Resta ancora di l'ammiraglio questa seconda sua moglie, di Savc..., detta madama di Entremont, *ricca ed erede di molti castelli*, lasciata gravida, e benche custodita da un capitano del Re, pero onorata e ben trattata, non avendo quel capitano permetto che di casa le sia levata per una paglia. » (*Relaz. degli ambasciatori Veneti al senato.* Firenze, 1860, IV, 302.)—Voir la lettre de Catherine de Médicis à Schomberg (21 avril 1573).

France, en Suisse ou en Allemagne, Jacqueline d'Entremont fut reconduite, sous l'escorte de vingt-cinq chevau-légers et de trois gentilshommes, à Saint-André de Briord, en Bugey, auprès de sa mère, au milieu de ses seigneuries [1]. Elle y eut une fille le 21 décembre 1572.

Le 15 janvier 1573, elle écrivait au célèbre jurisconsulte Hotman, réfugié à Genève, une lettre touchante où elle le suppliait *de resveiller sa plume* pour venger l'amiral des calomnies dont on chargeait sa mémoire en l'accusant d'avoir trahi le roi; elle terminait ainsi : *Quand j'aurois moyen de vous donner une fois plus de biens que je n'en ai, ce seroit moins que rien auprès de ce que vous faites pour mes enfants et moy, estimant, après le*

[1] La seigneurie de Saint-André de Briord, sur les bords du Rhône, passa, le 18 juillet 1539, par vente, de la veuve de Louis de Viry à Sébastien de Monthel. (Guichenon, *Bresse et Bugey*, 2e partie, 94.)

salut de l'âme, l'honneur plus que les biens [1].

Depuis le retour de madame d'Entremont en Bugey jusqu'à sa mort en Piémont (1572 à 1599), une sorte d'obscurité légendaire enveloppe tous les accidents de sa vie. Les historiens piémontais et savoyens ont gardé un silence prudent sur cet épisode étrange des mœurs politiques du XVIe siècle. Le grave Samuel Guichenon qui a écrit sur la Savoie, la Bresse et le Bugey, de gros in-folios, ayant à parler de Jacqueline de Montbel, n'osa en faire que cette brève mention qui ne compromit pas à Turin le souple courtisan : *Cette dame a eu des éminentes vertus par dessus son sexe, lesquelles ont esclaté dans ses grandes adversités dont l'histoire du temps rend fidèle témoignage.* — Mi-

[1] Lettre publiée dans le *Bulletin de la Soc. de l'hist. du Protest. français*, VI, 29.

chelet, narrateur passionné de ces luttes
civiles :

Qnand contre soy la France en deux parts divisée
S'alloit ouvrant les flancs de son propre cousteau,

n'a point dissipé les ombres que la raison
d'État amassa autour de cette noble
femme. — *Elle emporte dans l'avenir,*
dit-il, *pour sa couronne historique, avec
les persécutions terribles qu'elle eut plus
tard, la lettre touchante que Coligny lui
écrivit la veille de la Saint-Barthélemy.
Saint souvenir! qui montre que les grand.
sont les plus tendres et tout ce qu'il y a
d'amour dans le cœur sacré des héros.*—
La lumière ne s'est faite à demi que ré-
cemment, mais avec un tel parti pris de
dénigrement, si peu de mesure et si peu
de vérité, que c'est perdre une cause que
de la défendre ainsi.

En rapprochant des pièces curieuses

publiées par M. le comte Delaborde le texte fort inconnu de l'édit de 1569, les dépêches diplomatiques et les détails iné- dits que j'ai recueillis aux archives de Bâle, de Berne, de Turin et de Chambéry, je crois pouvoir éclaircir cette ténébreuse affaire et prouver qu'il est aisé de rendre justice à la veuve de Coligny sans diffamer le duc de Savoie.

> Souvent un peu de vérité
> Se mêle au plus grossier mensonge,

disait Voltaire ; rien de plus dangereux que les légendes ; elles faussent l'histoire et l'esprit. Rien de plus difficile aussi que de tirer du demi-jour ces romans imaginés pour servir de texte aux anathèmes d'un parti ; et surtout, rien de plus imprudent que de juger un homme ou un fait sur une seule preuve, sur un témoignage unique. En histoire, où le point de vue se déplace avec l'impression du lecteur, il n'y a guère que des vérités relatives, et l'on s'expose.à des mécomptes si l'on cherche à exprimer *son opinion personnelle* au moyen de documents originaux groupés avec art pour les besoins de la cause, au lieu de se laisser guider et convaincre par ces preuves.

Les correspondances multipliées de la veuve de Coligny avec les réformés de Suisse et de France, les messagers qu'elle recevait, la présence de François de Coligny, de Dandelot et du jeune de Laval à Bâle, inquiétaient la Cour de France fort occupée des siéges de Sancerre et de La Rochelle. Le duc de Savoie, aussitôt après l'assassinat de l'amiral, avait mis sous le séquestre les biens qu'il possédait, du chef de sa femme, dans ses États; il avait pris l'engagement de surveiller sa veuve et se portait garant de sa conduite. Mais l'émotion produite par la Saint-Barthélemy ne se calmait pas ; la Provence était en armes, les vallées vaudoises remuaient ; le duc, informé que madame d'Entremont quittait son château pour le venir trouver à Turin, craignant qu'elle ne simulât ce voyage pour se jeter dans les vallées ou passer en Provence et livrer ses fiefs aux religion- naires du Dauphiné, donne l'ordre au ca- pitaine de Leiny de s'embusquer au col du Mont-Cenis avec douze soldats de choix, de se rendre maître de la comtesse *de gré ou de force,* et de la conduire à Nice, où le duc fut en personne pour la recevoir et lui expliquer les motifs de sa conduite (mars 1573) [1]. Les quatre gentilshommes qui accompagnaient madame d'Entremont furent enfermés à Myolans.

Le 29 juin, cédant sans doute aux sol- licitations de la duchesse Marguerite, le

[1] Archives de Cour. — Instructions détaillées pour le sieur de Leiny qui doit arrester madame d'Entremont sur le Mont-Cenis *et la royalement traiter.*

duc prescrit au Sénat d'entériner des lettres-patentes portant :

« Ordre à nos gens tenant la Chambre des comptes de Savoye et à ceux ayant l'administration des biens délaissés par feu M. l'admiral de Chastillon de remettre tous deniers, escripts, fonds et seigneuries en dépendans, ès mains du sieur Jehan de Brosses, trésorier général de madame la duchesse nostre royale épouse, pour estre employés à ce que nous luy commanderons, et ce jusques à ce qu'il en soit autrement ordonné [1]. »

Le 28 février précédent, le duc avait déjà prescrit aux sequestres *de vuider leurs mains des deniers et fruicts des revenus de feu M. l'admiral en celles dudict Jehan*

[1] Archives du Sénat. Registre XVII (1571 à 1574) ; folio 199. — On y trouve cette mention : Rappel de l'ordre d'entériner les présentes, bien que le Sénat ne les ait reçues que par erreur au lieu et place de la Chambre des comptes.

de Brosses. Ces mesures combinées n'a-
vaient-elles point pour résultat de rassurer
les Cours de Paris et de Madrid par une
apparente rigueur, de tenir la comtesse
plus à portée de sa surveillance personnelle, plus éloignée des meneurs étran-
gers, tout en livrant à la duchesse Marguerite, amie déclarée de Jacqueline d'Entremont, la disposition intégrale des revenus et domaines sequestrés. Jean de
Brosses devenait l'intendant de la prisonnière, et les calculs de l'amitié donnaient
le change à l'Europe.

Les enfants de l'amiral, réfugiés à Bâle,
avaient fait de pressantes démarches auprès
de l'électeur palatin, de l'électeur de Saxe,
du landgrave de Hesse et des autres États
protestants d'Allemagne pour qu'ils ob-
tinssent de Charles IX la restitution des
biens de leur père. Lorsqu'ils apprirent
l'arrestation de Jacqueline d'Entremont,
ils écrivirent de tous côtés des lettres cha-

leureuses pour qu'on réclamât la mise en liberté immédiate de madame l'amirale. Le 10 mai 1573, François de Coligny et Charles d'Andelot écrivaient de Bâle à l'A-voyer et au Conseil de Berne :

« Messeigneurs, depuis nostre lettre es-cripte, nous avons eu certains advertisse-ments de la nouvelle affliction de madame l'admirale *laquelle nous aimons et révé-rons comme nostre propre mère*, selon les occasions qu'elle nous en a toujours don-nées par sa grande débonnaireté et affec-tion maternelle envers nous, oultre l'o-béissance et singulière amitié qu'elle a toujours portée à feu M. l'admiral, nostre père, duquel aussy l'intention et comman-dement exprès a esté de la bénir et res-pecter comme nostre propre vraye et natu-relle mère. Cette affliction, Messeigneurs, nous touche si vivement qu'avons prié M. Le Gresle, notre précepteur, se trans-porter par devers vos Excellences pour les

supplier très-humblement avec la présente,
au nom de Dieu et par la commune charité chrestienne de laquelle vostre Répu-
blique est sur toutes aultres recommandée,
qu'il leur plaise, le plus tost que faire se
pourra, dépescher quelqu'un des vostres à
S. A. pour la délivrance de ceste povre
dame nostre mère, laquelle ne peut estre
molestée ni recherchée aulcunement que
pour le seul fait de la religion, laquelle
elle a si estroitement embrassée que nous
attendons d'elle une souffrance de tous
tourmens, voire d'une mort cruelle et igno-
minieuse, plus tost qu'une abjuration et
renoncement [1]. »

Le Conseil fit aussitôt en Savoie une
démarche pressante dont Châtillon et Dandelot remercièrent les seigneurs de Berne
par une lettre du 1er août. Le 25 août,

[1] Lettre originale communiquée par M. Gaberel de
Rossillon, à Genève.
[2] Voir ci-après : PREUVES, n° 3.

Louise de Coligny transmit à son tour aux magistrats du canton de Berne une requête que madame d'Entremont lui avait fait tenir par un gentilhomme du nom de Poulestan en les sollicitant *de faire œuvre de pitié pour une famille qui de tous tems a esté nourrie en une affection singulière au bien et service de leur Estat* [1].

Au mois de septembre, l'Avoyer et le Conseil de Berne écrivent à la fois au duc Philibert, à la duchesse Marguerite et à M. du Mollard, et députent à Turin un envoyé spécial, Siméon Würstenberger, pour solliciter la liberté de madame d'Entremont [2]. Les instructions secrètes données successivement à Siméon Würstenberger, à Jacob de Bonstetten et à Louis

[1] PREUVES, n° 4.

[2] Les trois lettres inédites publiées aux n°s 5, 6 et 7 des PREUVES, sont aux Archives de Berne, et je les dois à la gracieuse obligeance de M. le chancelier d'État de Stürler.

de Rullinca [1] portent qu'on devra d'abord demander la mise en liberté de madame d'Entremont et la restitution de ses biens; en cas de refus, son exil dans l'un des trois bailliages restitués (Gex, Ternier et Gaillard, près de Genève), ou, tout au moins, un allégement à sa captivité. Les termes affectueux de ces dépêches ne laissent pas supposer l'indignation, la stupeur dont parlent quelques historiens [2]; l'emprisonnement de madame d'Entremont était certainement un acte d'arbitraire, mais point *un attentat monstrueux.*

« Vous solliciterez S. A., disent les dépêches, non pas comme ayant la prétention d'intervenir *dans les motifs sérieux qu'elle peut avoir de retenir la dame d'Entremont enfermée,* mais seulement

---

[1] Ce dernier ambassadeur à Paris. PREUVES, n°° 8 et 10. Je dois leur traduction et leur envoi à M. le chancelier de Stürler.

[2] Et surtout le comte Jules Delaborde dans son étude de 1867.

pour la supplier humblement de donner à la ville de Berne une preuve de la singulière affection qu'elle dit avoir pour elle ; *afin que, par pur bon office et cadeau, S. A. veuille consentir, avec charité et bonté extraordinaire, la libération de la dite dame.* — Assurément, ce ne sont point là les termes dans lesquels, au nom de droits sacrés, on réclame justice. La comtesse d'Entremont était retenue, aux termes de l'édit général de 1569, pour s'être mariée hors de Savoie malgré la défense du prince, et avoir porté aux mains d'un seigneur étranger, ennemi déclaré de l'Église catholique et des alliés du duc, des revenus et des fiefs importants. Le nœud de l'intrigue est là. L'ambassadeur vénitien Giovanni Michiel l'avait compris quand il disait : *Ricca ed erede di molti castelli in Savoia.* Cela est si vrai que Siméon Würstenberger a pour instructions de déclarer au duc, *si cela est nécessaire pour le décider,* que madame d'Entremont ne songe pas à se remarier :

« Que si peut-être S. A. pouvoit croire ou appréhender que la dame d'Entremont voulût se remarier, soit dans les pays allemands, soit ailleurs, vous devrez assurer S. A. au nom de la dite dame, et lui en donner le serment qu'elle n'a la pensée ni d'accepter une proposition de mariage, ni d'en susciter une, ni d'en faire négocier une en son nom, ni en aucun lieu, ni avec qui que ce soit, de quelle condition qu'il soit, sans l'assentiment et le désir manifeste de S. A., et cela sous peine de perdre ses biens et sa vie ou de subir tels autres châtiments qu'il plaira à S. A. en cas de rupture de sa promesse. Vous lui ferez savoir tout cela avec des paroles douces, gracieuses, à propos, comme vous êtes habile de les imaginer et manier [1]. »

[1] *Archives de Berne.* — *Registre secret des instructions diplomatiques*, XXI (septembre 1573).

Le 1er mai 1573, le duc de Savoie répondait aux seigneurs de Bâle qu'il ne pouvait, à son grand regret, satisfaire à leur demande :

« Que si la dite vesve du sieur de Chastillon et ses enfants font comme il convient, ils trouveront que non-seulement je ne leur deffaudray de justice, ains que, pour l'amour de vous et de tous dignes respects, je leur useray de tout bon et favorable traitement [1]. »

Dans l'intervalle de cette réponse aux nouvelles instances des princes allemands et des Cantons suisses, le duc avait pris pour les biens de madame d'Entremont les mesures bienveillantes que j'ai dites et l'avait fait elle-même transférer de Nice [2]

---

[1] Voir ci-après : PREUVES, n° 2.

[2] Probablement à la suite de l'avis que le gouverneur du château de Nice donna à Turin que madame d'Entremont ne vouloit plus manger que lait et œufs, de crainte du poison. (Arch. de Cour. *Correspondance secrète.*)

à Turin. Hotman rédigeait sur cette affaire des mémoires que le landgrave de
Hesse adressait diplomatiquement au
duc ; Théodore de Bèze écrivait lettre sur
lettre au comte de Nassau, exagérant la situation de la prisonnière[1], à ce point que
le duc Emmanuel-Philibert répondit aux
seigneurs de Bâle, le 13 octobre 1573, sur
un ton qui coupa court à toutes sollicitations nouvelles :

« Magnifiques Seigneurs, etc. Ayant
veu le contenu de vostre lettre du 28 passé
(septembre 1573), apportée par le sieur de
Würstemberg, délégué de messieurs de
Berne, j'ay esté fort déplaisant des sinis-

---

[1] « Madame l'admirale, la perle des dames de ce
monde, à présent, puisqu'il plaist à Dieu, emmurée en
une tour à Nice, avec une seule petite damoiselle de
chambre, est très-cruellement traictée, mais plus con-
stante et ferme que jamais...... Elle y est traictée des
inquisiteurs à la façon de ceulx qu'ils appellent héré-
tiques. » (Corresp. inéd. de la maison d'Orange-
Nassau, IV, 124 à 127. — 373.)

tres advertissements qui vous sont donnés
que la dicte dame soit tracassée et en
grande perplexité pour le faict de la religion ; en quoy véritablement vous estes
surprins. Car elle n'est logée qu'à cent
pas de mon palais où elle a souvent accès
auprès de madame ma femme et où elle
reçoit les commodités nécessaires, *et à elle
ne parlent prestres si elle ne les appelle.*
Ains se offrant, dès le commencement
qu'elle vint, à l'abjuration et toutes autres
démonstrances si je la luy commanderoy,
ne luy en ay rien voulu commander ny
ordonner, la laissant en cela en sa liberté
propre, sans persuasion ny que contraincte
en ce. D'aultant que vous avez pour ce
regard si grande compassion d'elle, et que
vous m'en escripvez de si grande efficace,
je vous veux dire franchement que si, non
obstant vos précédentes et aultres interces-
sions faictes par messieurs les ducs de
Saxe et comte Pallatin auxquels j'ay grand

debvoir d'amitié et parentaige, et de messieurs de Berne nos très-chiers, très-spéciaux amys, alliés et confédérés, je procède ainsy au faict de la délivrance de la dicte dame, *c'est pour matière d'Estat* qui concerne le bien, tranquillité et repos d'iceluy et mon auctorité et représentation, chose de commun interest de tous princes et républicques et dont je me garderay très-bien de me inytier entre eulx et leurs subjects, et par ce je vous prieray de ne prendre en mauvaise part si, ayant refusé aux susdicts seigneurs la délivrance de la dicte dame, je ne la puis accorder à vostre contemplation, *et de ne m'en presser davantaige* ; me réservant à choses de plus grande importance à vostre Estat et Républicque pour laquelle je m'employeray de très-bon cueur, duquel je prie Dieu, Magnifiques Seigneurs, etc., qu'il vous ayt en sa saincte et digne garde. »

« De Turin, ce 13 octobre 1573. —

Vostre bon amy, allié et confédéré. — Le duc de Savoye : Philibert [1]. »

Les *rigueurs* de l'incarcération continuèrent, a-t-on dit [2], en 1574, 1575 et 1576. La constance et la fermeté *de la victime* lui concilièrent de jour en jour de nouvelles sympathies. On alla même jusqu'à réclamer en sa faveur l'intervention du gouvernement français près du duc de Savoie ; mais les démarches du landgrave de Hesse, des ambassadeurs polonais, du prince de Condé et de divers seigneurs [3], échouèrent toutes contre le mauvais vouloir et la haine de Catherine de Médicis, de Charles IX et de Henri III.

Il n'y eut pas de rigueurs, on le voit par

[1] Lettre inédite des Archives de Berne, communiquée par M. le pasteur Jean Gaberel.

[2] *Société de l'hist. du Protestantisme français.* Bulletin du 15 mai 1867, page 239.

[3] *Mém. de l'Estat de France sous Charles IX,* tome III, 14. — De Thou. *Hist. univ.,* tome v, 5.

la lettre d'Emmanuel-Philibert ; la comtesse d'Entremont, logée près du palais, où elle pouvait visiter son amie, n'était point *tourmentée par les prêtres*, et le duc ne voulait même pas user envers elle de la simple *persuasion*. Les lettres de cette victime résignée de la raison d'État le prouvent ; elle revient souvent sur ses *extrêmes et longues afflictions*, mais parle sans amertume du duc et ne se plaignit jamais de mauvais traitements [1].

Un billet ducal, daté de Turin le 13 novembre 1575, prouve que, même après la mort de la duchesse Marguerite, Jacqueline d'Entremont ne fut point abandonnée à la persécution. Le duc accorde *à sa très-illustre et bien-aimée cousine la comtesse d'Entremont, veuve de M. l'amiral de France*, la main levée du séquestre pour

---

[1] PREUVES, n° 9. (Lettre de madame d'Entremont aux seigneurs de Bâle et de Berne.)

tous ses biens *en scriptures et meubles* [1].
En 1577, toujours *à la requête de sa
très-chière et bien-aimée cousine la comtesse d'Entremont*, le duc accorde un
délai d'un mois aux habitants des seigneuries de Coligny et de Châtillon pour payer
la gabelle du sel qu'ils n'ont point ac-
quittée en 1576 [2]. En 1584, Théodore de
Bèze dédie à madame l'amirale son livre
des *Questions et Réponses chrestiennes,*
et, dans sa dédicace, loin de gémir sur
l'infortune de cette soi-disant victime, il
ne fait allusion qu'à ses études théolo-
giques, et supplie Dieu *de la maintenir
en ceste saincte et vraye prospérité.*

Je n'ai rien découvert d'assez positif
pour affirmer ce que put être, à Turin, la
vie de Jacqueline de Montbel, de 1572 à
1580. Si l'on en juge par ces quelques

[1] Archives du Sénat de Chambéry. — Registre XVIII
(1574 à 1577), folio 79.
[2] Duboin. *Raccolta*, tome xx, page 1131.

4

traits, les jours se passaient, pour cette
âme délicate et fière, dans le recueillement
du palais désert où la retenait le prince ;
elle y partageait les heures entre l'éducation de sa fille Béatrix, l'amitié de la duchesse, et les fortes études qui étaient
entre ces deux femmes remarquables un
lien étroit. Le duc, sous l'influence de ces
entretiens, de ces vues élevées, de ces par-
fums de tolérance, y prit sans doute la
force de résister comme il le fit aux suggestions de Possevino et aux ordres de
Philippe II. Rien ne serait plus touchant
que de voir, dans cette cour spirituelle et
lettrée, l'inspiration des grâces et des libertés naître à la fois de deux femmes,
dont l'une était souveraine et l'autre prisonnière [1]. Quelle fut sur Jacqueline l'im-

[1] Cent vingt ans plus tard, une autre femme, aussi
belle, aussi vive, aussi séduisante, la marquise de Pianezze, prêchait le fanatisme, à Turin, auprès de Charles-
Emmanuel II, dans ce même palais où la duchesse

pression produite par cette *retraite* forcée, studieuse et triste? Dans ce clair pays de Turin, au sortir des tumultes de France, sa lassitude et ses déceptions n'ont-elles pas abouti à la résignation, à la foi vive? Quel aliment donner à un esprit comme le sien, si ce n'est Dieu? Quel repos offrir à cette âme orageuse et meurtrie, si ce n'est Dieu encore? Peut-être a-t-elle écrit à Th. de Bèze ce que disait plus tard Gœthe, perdu dans Rome:

« Je vis ici dans une clarté et dans un repos dont je n'avais plus le sentiment. La sage habitude que j'ai prise de voir les choses telles qu'elles sont, *de faire de mes convictions la lumière de mes yeux*, d'ab-

Marguerite et la comtesse Jacqueline avaient assuré, un instant, le succès, malheureusement éphémère, de la tolérance politique et de la liberté religieuse. — Lire, à propos des variations du cabinet de Turin, la remarquable étude publiée en août 1868 (*Revue des Deux-Mondes*), par M. Hudry-Menos, sous ce titre: *l'Israël des Alpes*.

diquer toute prétention contraire, me rend aujourd'hui silencieusement heureux au plus profond de moi-même. Celui-là qui regarde autour de soi sérieusement et qui a des yeux pour voir, celui-là doit devenir fort; il doit arriver à une vivante compréhension des choses certaines et des appuis qui ne se brisent point. Mais, combien plus et mieux celui-là qui pénètre les secrets de son âme, qui s'avoue ses faiblesses, ses lâchetés, qui a honte de ses misères, qui se retrempe dans la sérénité de l'étude, et qui s'abandonne au grand courant du flot impétueux de l'amour du vrai ! »

Les faiseurs de romans, au lieu de voir la veuve de Coligny, sérieuse, vêtue de noir, embrassant sa fille ou commentant la Bible, la supposeront mêlée au tourbillon des fêtes, attirant à elle les attentions que le duc Emmanuel-Philibert prodiguait aux femmes jeunes et belles qui ornaient sa cour, alors plus resplendissante que jamais. Ils pourront étayer leurs imaginations sur un mot du cardinal d'Ossat dans sa lettre du 18 décembre 1596 [1]; mais ils seront en désaccord avec l'opinion des contemporains. De semblables imputations se prouvent autrement que par des apparences et des conjectures [2]. Tout au plus peut-on lui supposer ce sentiment amer d'une âme passionnée condamnée à l'exil, dont l'unique joie est de peindre sa douleur, que rien n'attache, que rien n'attire, qui s'enivre de ses regrets, et ne se dérobe parfois à ses mystiques et sévères langueurs que pour soupirer, en face des collines de Rivantella et des horizons lumineux de la vallée du Pô, la chanson que Cino l'exilé écrivait à Dante :

Deh ! quando rivedrò il dolce paese
Dove'l bel fior si vede d'ogni mese !

[1] Pièces justificatives : Document n° 11.
[2] Pièces justificatives : Document n° 18.

4.

Cependant la mort du duc Emmanuel-Philibert (1580) avait amené un revirement complet dans la situation de madame d'Entremont. Charles-Emmanuel, esprit emporté, politique violent, n'eut pas les scrupules de son père. Il recourut à l'intimidation *pour la faire fleschir avec la longueur du temps et des mauvais traictements, tant pour consentir à leur religion que pour s'accorder au mariage qu'ils luy présentèrent.* En 1586, la comtesse refusant d'épouser un gentilhomme piémontais, favori du prince, et s'opposant énergiquement aussi à ce qu'on disposât, sans son aveu, de sa fille Béatrix, alors âgée de quatorze ans, fut enfermée dans une vraie prison où les guerres civiles de France et les succès de la coalition la firent oublier dix ans[1].

Pendant ces dix années d'isolement, de sollicitations et de tortures morales (1586

[1] Voir mon *Histoire de Savoie*, tome II, ch. v et vi.

à 1596), madame d'Entremont refuse
d'abjurer, refuse de marier sa fille, refuse
de signer les actes qui la déposséderaient
légalement du comté de Frusasque, du
fief d'Entremont et de ses autres seigneuries. Le duc Charles s'était chargé de la fortune de Béatrix de Coligny à la façon dont
Charles-Quint avait fait l'éducation des
fils de François Ier et de ceux de Charles III.
Il la donna pour fille d'honneur à l'infante
Catarina, puis il érigea en marquisat [1] la
seigneurie de Saint-André de Briord en
Bugey avec la baronnie de Montelier en
Bresse, abusant l'opinion par cette apparente mais stérile faveur, et déclarant *que
les masles issus du mariage de Béatrix
porteront les noms et armes des Montbel-
d'Entremont.* Ce détail explique les

[1] *Lettres patentes datées de Turin, le 1er avril 1589,
en faveur de la comtesse Jacqueline d'Entremont pour
reconnaissance des services de ses prédécesseurs et en
considération de la grandeur de sa famille.*

expressions des lettres patentes ; le duc
hésitait entre le désir de s'approprier les
domaines de madame d'Entremont, — il
en avait le droit en se tenant à la lettre du
rigoureux édit de 1569, — et la crainte de
s'aliéner les nombreuses et puissantes familles qui, en Savoie, en Dauphiné, en
Piémont se faisaient honneur d'être alliées
à la dynastie des Montbel-d'Entremont [1].

De là, ces concessions déguisées et ces
sursauts de colère, le refus persistant de
lui rendre la liberté et les ménagements

[1] Parmi les familles qui, de près ou de loin, tenaient
aux Montbel, je citerai les comtes et marquis de La-
chambre, les marquis d'Aix, les seigneurs de Dullin, de
Combefort, de Sainte-Hélène du Lac, les comtes de La
Val d'Isère, les vicomtes de Tarentaise, les barons de
Duingt, les comtes d'Allinges, les barons de Menthon,
de Locatel, etc.; en Piémont les comtes de Frusasque,
les Provana, les Leyny, les Spinola de Gênes, etc. Je
n'ai pu avoir communication, malgré mes instances, des
titres et de la généalogie des Montbel et des Buttet ;
l'érudit qui les possède s'en réserve la primeur : il en a
le droit.

singuliers qu'on avait, de temps à autre,
pour cette innocente coupable. Cette situation, à vrai dire, ne pouvait se pro-
longer plus longtemps ; la solution la plus
simple était le mariage de Béatrix ; mais
Béatrix avait pour sa mère un respect re-
ligieux, et Jacqueline, sentant son héroïsme grandir avec sa résistance, offrait
chaque nouvelle persécution comme un
hommage à la mémoire de son époux et
repoussait avec ironie tout essai de trans-
action. D'habiles courtisans imaginent
alors une accusation de sortilége qui permettra de traduire la pauvre veuve en justice et de la faire condamner. Par bonheur,
les enquêtes, *grâce à des témoins trop
zélés*, se compliquent de faits de posses-
sion démoniaque qui la rendent justiciable
du tribunal de l'Inquisition ; ses amis en
profitent pour essayer de l'arracher au duc
Charles. Et ce n'est pas une des moindres
surprises que soulève l'étude de cet épi-

sode de voir, en pleine furie de guerres
religieuses, les Huguenots français, les
Calvinistes génevois, les Luthériens d'ou-
tre-Rhin préférer l'Inquisition romaine
aux magistrats piémontais. Le 10 novembre 1596, le cardinal d'Ossat, ambassadeur d'Henri IV à Rome, reçoit de Villeroi l'ordre d'intéresser le Pape à cette affaire et d'obtenir qu'on réclame la prisonnière. Un conflit de juridiction s'élève
entre la Cour de Rome, au nom des droits
de l'Inquisition, et le duc de Savoie rete-
nant la cause, pour le fait de sortilége qui
ressortit aux juges ordinaires. Clément
VIII répond au roi :

« Que la dame d'Entremont n'a point
encore été remise à son Nonce ; mais
qu'on lui impute des crimes dont la connaissance appartient à l'Inquisition, pri-
vativement à tous autres juges ; que, néan-
moins, le duc veut qu'au procès assiste un
de ses sénateurs, et que, jusqu'à présent,

il a par devers lui retenu toutes les informations, ce que S. S. ne trouve pas bon ; que S. S. ne permettra point qu'il lui soit fait injustice, mais que les imputations sont si atroces qu'on ne peut faire moins que de voir ce que c'est [1]. »

Le 16 janvier 1597, d'Ossat écrit au Pape une lettre véhémente dans laquelle, s'élevant au-dessus des préjugés du siècle, saisi d'une noble indignation, il ose, quoique prince de l'Église, plaider la cause perdue d'une hérétique obstinée :

« ....Je supplie Sa Sainteté d'avoir pitié de la pauvre dame qui n'est travaillée que pour l'envie qu'on a de son bien, et de le faire servir de partage *à un de tant de petits louveteaux qui se nourrissent au pié*

---

[1] Cette dépêche et les suivantes se trouvent aux tomes 1 et 11 des *Lettres du cardinal d'Ossat* (édition de 1698) et dans le *Recueil des Lettres missives d'Henri IV* (IV, 1015, etc.). PREUVES, nos 11 à 17.

de ces monts [1]..... Il n'y a aucune charge contre madame l'amirale..... Tout cela ne méritoit pas que la moindre personne du monde en fust travaillée ; tant s'en faut qu'une dame de telle qualité et d'un tel âge en dust estre emprisonnée, diffamée et poursuivie en ses biens et en sa vie. »

Au mois de juin, après l'interrogatoire que lui fait subir le président Vivaldo, assisté du Nonce apostolique, madame d'Entremont est transférée de sa prison de Turin dans le château de Montcalier, puis dans la citadelle d'Ivrée où l'on interdit à sa fille de la visiter, et où on la met au secret de juin 1597 à septembre 1598. Cependant, il n'y avait point de preuves, et d'Ossat, transmettant à Villeroi le résultat des enquêtes, pouvait dire :

« Je vous envoye la dite feuille où vous verrez comme un des plus grands crimes

[1] On le voit, le mot blessant de M. Thiers sur *les loups de Savoie* n'est pas d'hier.

que ceste pauvre femme aif commis est d'avoir Entremont, place forte en Dauphiné, que M. de Savoye luy veut estorquer de force ou de gré pour s'en servir contre le Roy. »

Aussitôt après la paix de Vervins, Henri IV, sur les instances de Louise de Coligny, princesse d'Orange, de Philippe de Mornay, de Henri de Montmorency, etc., charge son ambassadeur M. de Bothéon de prier le duc *de faire délivrer sa cousine, l'admirale de Chastillon, pour l'amour de luy, laquelle est encore traictée très-rigoureusement par les officiers du dit duc, malgré que elle se soit très-bien justifiée devant les officiers du Pape de la sorcellerie et autres meschancetés dont on l'avait malignement chargée.*

Le 25 mars 1599, Henri IV, écrivant de Fontainebleau au duc Charles-Emmanuel, à propos de son projet de voyage à Paris, ajoutait :

5

« Je me contenteray de vous recommander de rechef la délivrance de la comtesse d'Entremont, le soulagement de ceux de Genève, et la restitution des biens avec la liberté de ceux du marquisat de Saluces, qui n'ont encore obtenu ny l'un ny l'autre, à mon advis contre vostre volonté, puisque c'est contre ce qui fust promis lors de nostre dernier accord [1]. »

Charles-Emmanuel reste insensible ; c'est à lui et non au duc Philibert que le comte Delaborde devait adresser le reproche *de s'opiniâtrer dans l'autocratie, l'arrogance et le déni de justice*. La veuve de Coligny subissait les tourments que, un siècle et demi plus tard, Pietro Giannone, martyr de la vérité de l'histoire comme la comtesse Jacqueline était martyre de la liberté de conscience, devait subir à son tour. Le prince et la prison-

---

[1] *Recueil des Lettres inédites de Henri IV*, 1, 208.

nière possédaient tous deux cette faculté, si rare aujourd'hui, de nourrir en soi des volontés longues et persévérantes ; mais de quelle hauteur la constance de la victime ne dépasse-t-elle pas l'obstination du maître ? Et comme ces heures de prison de madame d'Entremont, silencieuses, perdues, oubliées, font entendre à travers les siècles un cri accusateur !

Le 15 juin, d'Ossat écrit :

« Madame l'amirale est toujours détenue en prison et aussi mal traitée que jamais ; et n'espère-t-on point que le duc la mette jamais en liberté. Il y a danger que cette pauvre dame, si âgée et malade, ne meure en prison, et, qu'elle morte, *on ne marie sa fille par force*, ou qu'on ne la fasse mourir elle-même, pour avoir ses biens qu'on a jà dévorés par espérance. »

Il ajoutait que de deux maux il fallait choisir le moindre, et, pour en finir, se hâter de marier Béatrix, dont la fleur de jeunesse s'était flétrie dans le malheur et qu'une santé délicate rendait fort impressionnable et plus malheureuse de toutes ces traverses. Il annonçait à Villeroi une combinaison proposée par les Vénitiens, très-dévoués à la veuve de Coligny malgré leurs attaches romaines; c'était le mariage avec le provençal Meuillon, *qu'on dit estre de la maison d'Albon*. Il s'agissait d'obtenir l'agrément du roi, puis de décider madame d'Entremont à acquiescer à cette offre, dont elle n'était pas encore instruite, et qu'on redoutait qu'elle ne refusât, comme elle avait fait des autres [1].

Six mois plus tard, le cardinal annonçait à Villeroi la mort de la veuve de Gaspard de Coligny, *privée de sa liberté depuis vingt-six ans et torturée depuis dix-neuf. Dieu l'avoit délivrée d'une autre sorte, en l'appelant à soi.*

[1] Voir cette lettre fort curieuse au n° 16 des *Pièces justificatives* ci-après.

Sa fille Béatrix, qui comptait ses années par celles de la captivité de sa mère, n'eut pas le courage de résister plus longtemps. Elle n'avait même plus pour se défendre l'impérieuse amitié de la duchesse Catarina-Michele, morte le 6 novembre 1597. Les menaces, les séductions, la terreur d'une vie perdue, ces suggestions perfides de toutes les heures qui filtrent à travers l'âme comme l'eau d'une source, avaient ébranlé en Béatrix toute force de résistance. La mort de sa mère lui brisa le cœur. Elle se laissa aller au flot de la destinée, comme ces plantes marines que le vent arrache au rivage, que la vague roule longtemps, flottantes épaves, à deux pas de terre, les rapprochant, les repoussant tour à tour, jusqu'à ce qu'une rafale plus forte les engloutisse à jamais.

Béatrix de Coligny épousa à Turin, le 30 novembre 1600, Claude-Antoine, baron de Meuillon et de Montauban, grand chambellan de Savoie, fils du baron de Meuillon, si célèbre dans l'*Histoire de Provence*, et l'un des plus énergiques partisans de Charles-Emmanuel pendant cette guerre de 1590, dont la belle comtesse de Sault fut l'âme. Les articles du contrat, rédigés, le 17 juillet 1600, par le secrétaire d'État Ripa, sur l'ordre exprès de Charles-Em-manuel, et vérifiés et signés par ce prince [1], témoignent de l'importance que le cabinet de Turin attachait à cette alliance et des précautions insolites que le duc crut devoir prendre pour assurer à son favori un héritage convoité depuis trente ans par de si nombreuses et de si puissantes avidités. On n'a point de détails sur la vie intime de Béatrix. Trouva-t-elle le bonheur ? ou

[1] Voir aux PREUVES, n° 19, ce document étendu où les articles arrêtés par le duc et signés, sous ses yeux, par les futurs époux, sont rédigés en français à la date du 17 juillet 1600 et intercalés dans le texte italien de l'instrument dotal du 30 novembre suivant.

la rude école de sa jeunesse avait-elle si complétement émoussé en elle toute émotion qu'elle pût vivre enveloppée de sa résignation et de ses souvenirs comme d'un linceul? Il est certain qu'elle était devenue catholique; mais la dernière lettre du cardinal d'Ossat [1] laisse douter si sa mère aussi s'était enfin abandonnée aux sollicitations qui la pressaient depuis si longtemps, ou si, jusqu'à l'instant suprême de la mort, elle resta fidèle à son culte. Quatre fils naquirent de ce mariage : le comte de Montbel d'Entremont, qui continua la dynastie seigneuriale des Montbel de Savoie, dont il existait aussi plusieurs branches collatérales, l'abbé de Chézery, le baron de Nattage et le sire de Saint-Mauris.

Que prouve cette longue histoire, fort abrégée pourtant? Quels enseignements ressortent de ces faits étranges, dont la

[1] PREUVES, document n° 17.

liaison nous échappe souvent par l'insuffisance des documents, mais dont le caractère brutal nous attriste, sinon le progrès de la morale publique? Et ne serait-ce pas le cas de rappeler le mot de Diderot : *De Socrate ou du magistrat qui lui fit boire la ciguë, quel est aujourd'hui le déshonoré?*

— O sainte volonté qui fais les héros de l'histoire et les martyrs de la vie privée, sois bénie des forces que tu donnes et des allégements que tu dispenses !

— Résignation, patience, foi naïve ou croyance réfléchie, soyez bénies des miettes de pain distribuées aux affamés de l'esprit, des gouttes d'eau qui ont rafraîchi les lèvres altérées de vérité, des rayons qui ont rendu le regard aux yeux morts, et des émotions divines qui ont fait battre les cœurs brisés !

— Puisque la frêle main d'une femme

vieillie par la douleur suffit à écarter de
son enfant, pendant de si longues années,
l'avidité des puissants de la terre, voyez,
chrétiens qui êtes forts de votre faiblesse
et riches de votre misère, voyez combien
il y a d'illusions dans cette vie, et combien
de consolations dans l'amour de la justice !

— *Bienheureux ceux qui souffrent,
parce qu'ils auront le royaume des
cieux !* — Bienheureux ceux qui luttent
pour la vérité et qui se sacrifient à leurs
convictions ! Sois bénie, liberté d'en-haut,
qui ranimes l'espoir en dépit des violences,
des trahisons, des calomnies, qui redresses
l'énergie virile du cœur au milieu des tortures du corps et de celles de l'âme, et qui
nous révèles Dieu à travers les horizons
troublés !

PIÈCES JUSTIFICATIVES

ET

DOCUMENTS INÉDITS

TIRÉS

des Archives de Bâle, Berne, Chambéry, Genève et Turin.

DOCUMENT N° 1.

ÉDIT DU 31 JANVIER 1569.

Emmanuel-Philibert, etc. Comme par la grâce de Dieu nos Estats, païs, terres et seigneuries sont de bonne et grande étenduë, fournys de plusieurs grands seigneurs nos vassaux, marquis, comtes, barons, bannerets, gentilshommes, nobles, bourgeois et autres de moyenne et basse condition, tellement que toutes filles et femmes de nos dits Estats et païs, qui sont à marier, le peuvent faire aisément et commodément, chacune selon sa condition, état et qualité, avec des personnes de nos sujets et vassaux, natifs et originaires de nos dits Estats, sans avoir occasions de chercher personne d'autre païs. Nous estant

toutesfois aperçus que plusieurs, tant filles
que femmes natives de nos dits Estats, et
qui sont à marier, taschent (plustost par
curiosité que par nécessité), de chercher
journellement party et se marier avec des
personnes estrangères et qui sont d'autre
nation, et que par conséquent plusieurs
seigneuries, jurisdictioñs, chasteaux, pla-
ces-fortes et autres biens feudaux, èsquels
nos dits Estats, païs et terres consistent,
tombent en mains estrangères et en des
nations qui ne nous sont pas sujettes, desquelles nous ne pouvons prendre de bonnes
asseurances, ny retirer si commodément et
fidellement les servis et debvoirs à nous
dus, comme de nos sujets et vassaux naturels, à nostre grand préjudice et de nos
dits naturels sujets qui nous ont plusieurs
fois prié d'y apporter remèdes convenables.
A ceste cause, sçavoir faisons, que désirant
pourvoir sur ce particulier, tant parce qu'il
concerne nostre service qu'aussy pour la

commodité de nos sujets et vassaux, après avoir le tout mis en délibération et eu sur ce l'advis des gens de nostre Conseil d'Estat ; nous avons de nostre certaine science, pleine puissance et authorité souveraine, par Edit perpétuel, dit, ordonné et statué, disons, ordonnons et statuons, que nulle des dites filles ou femmes à marier dans nos païs, en quelque estat et condition qu'elle soit, y tenant et possédant, soit en propriété ou autrement, terres, seigneuries, juridictions, rentes ou quelque autre espèce de biens feudaux ou emphytéoses, pourra par cy après, et dès la publication des présentes, contracter mariage en premières, secondes ou aultres noces, avec aucunes personnes estrangères qui ne sont natives de nos païs, de quelque estat et condition que ces personnes soient, à peine d'estre déchuës et privées de toutes ses seigneuries, juridictions, rentes, et autres biens feudaux et emphytéoses, et d'estre

ces femmes ou filles contrevenantes au
présent Édit déclarées, comme nous les déclarons dès à présent audit cas, perpétuellement inhabiles et toute leur postérité de
jamais obtenir ny posséder aucunes seigneuries, terres, etc., en nos dits Estats
par quelque moyen que ce soit, et davan-
tage les déclarons, au dit cas, privées dès
à présent de toutes seigneuries, biens feudaux, etc, qu'elles se trouveront avoir tant
en propriété qu'autrement lors des mariages qui seront par elles contractés avec
estrangers, sans qu'il soit besoin d'y faire
obtenir autre déclaration de nous, ny de
nos sénats et autres magistrats; et lesquelles seigneuries, etc., dont ces filles et
femmes seront privées, et dont leur postérité, comme il est sus dit, ne pourra jouir,
nous voulons et déclarons estre acquis et
qu'ils arrivent aux personnes auxquelles
les dites seigneuries, etc., eussent été acquis si ces filles ou femmes n'eussent esté

en nature, selon la disposition du droit, coustumes feudales escriptes ou non, et autres dispositions, tant par testaments que contrats respectifs. Car tel est nostre plaisir, nonobstant toutes choses à ce contraires. Donné à Turin, le dernier janvier 1569. Emm. PHILIBERT.

Visa : STROPIANE, FABRY.

Lues, publiées et enregistrées, à Chambéry, au Sénat, le 12 février 1569, requérant le Procureur Général,

Lu et publié par les carrefours de la présente ville de Chambéry, à la manière accoustumée, ce 12 février 1569.

HAMARD.

Tiré du Recueil des Édits de Savoye par spectable Gaspard Bally. — Édition de 1679. Chambéry, chez Riondet. Tome Ier, page 101.

DOCUMENT N° II.

A magniffiques seigneurs, nos très chers, très spéciaux amys, alliez et confédérez, les seigneurs du canton de Basle. M. s. t. c. s. a. a. c. Avec les Lettres que m'a apportées de vostre part le sieur de Bompstetten, de la seigneurie de Berne, en recommandation de la vefve et enfans du feu sieur de Chastillon, admiral en France, j'en ay receu pour le mesme faict de Monsr l'Électeur Pallatin mon cousin, par les mains du sieur Cornelius d'Agmont son conseiller, lequel m'a donné son dire en escript, employé par ledict sieur de Bompstetten. Lui a esté cause que je leur ay aussi respondu en escript. Et, par ce, ne vous repliqueray aultres, fors que, en tout ce en quoi je pourray vous gratiffier et complaire, je le feray d'aussi bon cœur comme le requiert le debvoir de l'ancienne amitié et alliance entre nous, m'asseurant que pour mesme respect vous ne vouldriez chose de moy qui puisse porter aulcun préjudice à mes estats ou autorité, non plus que vous ne vouldriez les vostres estre en rien troublés ou diminués ; estant l'interest commun de tous les princes et potentats de retenir soubs leur obéissance les vassaulx et subjets que Dieu leur a donnés à régir et gouverner, et le debvoir des vassaulx et subjets, de se renger à la deüe recognaissance de telle obligation, et si ladicte vefve et ses enfants sont comme il convient, ils trouveront que non seulement je ne leur déffaudray de justice, ains, que pour l'amour de vous, et de tous dignes de respects, je leur useray de tout bon et fa-

vorable traictement. — Dieu leur inspire
à tousjours se recognoistre bien, et s'aquit-
ter de leur debvoir avec effet. Et vous donne
magniffiques seig. etc., en santé sa saincte
grâce, me recommandant à la vostre. Do
Nice ce premier may 1573.

Votre bon amy allié et confédéré,

Le duc de Savoye, PHILIBERT.

Tiré des Archives de Bâle (*Correspondance diplo-
matique*). — Je dois la communication de cette lettre,
ainsi que des documents n°s III, IV et VIII, à l'amitié de
M. le pasteur Jean Gaberel, de Genève.

DOCUMENT Nº III.

FRANÇOIS DE CHASTILLON ET CHARLES D'ANDELOT A LEURS EXCELLENCES DE BERNE.

Nobles, puissants, magnifiques seigneurs, par la lecture des lettres qu'il a plu à Vos Excellences nous envoyer avec les copies tant de la requête présentée à Son Altesse de la part des gentilshommes prisonniers au château de Miolans, comme des lettres à vous escriptes par Leurs Altesses, nous avons ainsi que tousjours auparavant cogneu le très-grand soin qu'il vous plaist continuer pour notre bien et advancement de nos affaires de quoi très humblement mercions vos Ex., auxquelles demeurerons perpétuellement obligés, selon que le mérite tant de plaisirs; bienfaits et faveurs qu'en avons receu et recevons constinuellement en nostre calamité extrême, pour leur en rendre humble obéissance et service. Que si Dieu par vos moyens, nobles, puissants et magnifiques seigneurs, fait cette grâce à madame l'admiralle d'estre remise en telle liberté qu'elle mesme vous puisse témoigner le sentiment qu'elle a de pareille obligation; nous supplions Vos Ex., croire que vous la trouverez Dame, bien digne pour laquelle ayez travaillé et pris tant de peine. Et quant à nostre particulier, nous espérons, cheminans tousjours, à l'exemple de nos très-honorés pères et oncle, en l'amour et crainte de Dieu, comme il nous en donnera la grâce, et en l'estude de la vertu, faire paroistre à Vos Ex. que nous sommes les vrais enfans d'un père qui a toute sa vie esté très-affectionné au bien de l'Église, et à la grandeur de votre Estat, bien asseurés, que persevererez à nous aimer

maintenir et défendre selon vos bontés ac-
coutumées, et en cette asseurance baisans
bien humblement les mains de Vos Excellences, etc. — Basle, le 1ᵉʳ aoust 1573. —
Les très-humbles et affect. serviteurs de
Vos Excellences,

CHASTILLON, D'ANDELOT.

Tiré des Archives de Berne (*Correspond. diplom.*).
—J'ai scrupuleusement conservé, dans toutes ces pièces,
l'orthographe et la ponctuation des titres originaux.

DOCUMENT Nº IV.

Nobles, puissants, magnifiques seigneurs, d'autant que par la lettre que madame l'Amiralle escrit à Vos Excellences qu'elle a adressée à M. de Boulestan pour la leur présanter, vous entendrez sil vous plaist l'estat pitoïable auquel elle est et la très-humble requeste qu'elle leur fait. Je n'en ferai ici aucune redite, mais seulement je vous supplie très-humblement, nobles, puissants et mag. seigneurs, qu'en continuant vostre accoutumée bonté envers la mémoire de feu l'amiral mon père et ceux qui luy ont appartenu, vous vouliez s'il vous plaist inclinant à la requête de madame l'amirale prendre une cause si pitoíable en mains et vous rendre s'il vous plaist intercesseurs de sa délivrance selon la confiance et asseurance qu'elle et nous avons en Vos Excellences qu'en cela feront un œuvre vrayment digne de princes chrestiens et pour une famille qui de tout temps a esté nourrie en une affection singulière au bien et service de votre Estat, et qui se tiendra jamais obligée d'emploier et leur vie et tous les moiens que Dieu leur donnera pour la conservation, grandeur et accroissement d'iceux, me recommandant en cest endroit très-humblement à vos bonnes grâces et priant le Créateur, nob., puis., mag., seig., qu'il veuille vous longuement et heureusement conserver pour servir à sa gloire. — A Basle, ce 25 aoust 1573. — Vostre humble et bien affectionnée amye à vous faire service,

LOUISE DE COLLIGNY.

Tiré des archives de Berne (Corresp. diplom.).

DOCUMENT N° V.

AU DUC DE SAVOYE.

Très-illustre excellent hault et puissant prince et seigneur, très-honoré allié et confédéré. Nous avons delegué vers Votre Altesse spectable notre chier et bien aymé conseillier Simon Würstenberger pour vous supplier très-instament dunz poinct en preuve de notre mutuelle amytié, dont prenons asseurance que Votre Altesse en correspondance de laditte amytié selon sa clemence accoustumée nous accordera ce que notre dict conseillier vous dira et suppliera à notre nom, en quoy prions Votre Altesse luy donner entière créance, et de croire, qu'en toutes choses possibles vous ferons au reciproque paroistre, combien

nous elle aura obligé, en nous gratiffiant
nostre requeste, a desservir et recongnoistre
telle grace et plaisir, aydant Dieu, lequel,
après vous avoir présenté nos très-affec-
tueuses recommandations, prions très-illustre, excellent hault et puissant prince
et seigneur, très-honnoré allié et confédéré,
vous donner augmentement de votre grandeur, et très-heureuse prosperité. — De
Berne, ce 21ᵉ de septembre 1573. — Vos
bien humbles serviteurs alliéz et confœ-
deréz,

Sign. Advoyer et Conseil de la ville et
canton de Berne.

Canton de Berne, chancellerie d'État.
Credentz vff herr Simeon Würstenberger an herzogen
von Savoy, von der fraüb von Entremont vagenn. Welts-
ches missiven Tuy der statt Bern. Tand F. f° 26 v. 1 julj
1573 bis 12 juiy 1577.

DOCUMENT N° VI.

Très-illustre, etc. L'asseurance qu'avons prinse que Votre Excellence suyvant sa benigne clemence et douceur recepvra tousjours nos humbles requestes a gré, et accompagnera celles que presentement de rechefs addressons a très-illustre excellent hault et puissant prince monsieur le duc de Savoye votre mary, notre très-honnoré seigneur allié et confœderé en faveur, et pour la delivrance de madame d'Entremont sans se laisser offenser, si par tant de réitérées fois atthesions Votre Excellence pour estre a ce induuicts du zèle de compassion, qu'avons de la longue detention de la dicte tant vertueuse dame, nous ha incitéz de prendre lhardiesse (28 fᵒ Rⁱᵒ) peult estre trop temerairement davoir éncor pour ce coup notre recours a Votre Excellence par le moyen grace faveur et intercession, de laquelle nous asseurons dobtenir ceste fois le fruict de notre perseverante instance, envers Son Altesse, touchant la delivrance de la dicte dame d'Entremont de laquelle tant nous estions asseuréz, que Son Altesse seroit à ce induicte, tant par la voluntaire et prompte obeissance que la dicte dame a rendue, sestaint remise et constituée prisonnière entre ses mains, que par son innocence qui est asses manifeste, et neaultmoings soit que pour quelques iustes considerations Son Altesse la detient si est que ne voulons entirer en aulcune congnoissance de cause des occasions pour lesquelles la dicte dame est detenue. Ainsi supplions duement Son Altesse et Votre Excellence qu'oultre tant de faveurs, et plusieurs que

6.

nous avons receuz de vous, il plaise a
Votre Excellence interceder à notre nom,
pour la cause de la dicte dame, en priant
Son Altesse que luy plaise nous faire don
de la liberté de la personne de la dicte
dame d'Entremont, en soubliant pour la-
mour de nous l'offence quelle luy pourroit
avoir faicte, et se contenter du traictement
quelle peult avoir receu iusques a cest
heure, en luy ordonnant si bon luy
semble : de se retirer dans les balliages
renduz, ou en ses terres et seigneuries.
Laquelle grace, et don liberal, nous réputerons pour le plus grand et singulier que
pourrions iamais recepvoir de Son Altesse,
et de Votre Excellence, laquelle de plus
fort supplions nous voulloir faire pour ce
coup paroir le possible de ses graces, et
faveurs, du quoy faisant elle nous obligera
si estroictement a le recognoistre et de
servir (28 vᵒ) de tous nos moyens, et forces,
dune si grande affection et desir qu'après

nos tres-humbles recommandations prions notre bon Dieu, tres-illustre, etc. Vous donner augmentement de toute felicité et en santé heureuse et longue vie. — De Berne, ce 22ᵉ de septembre 1573.

Sign. l'Advoyer et Conseil de la ville de Berne.

Canton de Berne, chancellerie d'État.

Missiven der statt Bern. litt. f. 1 julj 1573 ps. 27 v. 12 junj 1577. — Credentz uff herr Sim. Würst. von der fraüb von Entremont.

Je dois la communication de ces dépêches à la gracieuse obligeance de M. le chancelier d'État de Stürler, à Berne.

DOCUMENT N° VII.

AU SIEUR DU MOLLARD.

Noble magnifficque et très spect.seigneur. L'asseuré tesmoingnaige qu'avons tantesfois seu et per effect experimenté, de la bonne affection de laquelle votre seigneurie s'est par tant de fois demonstré en nos affaires propres, ou de celles d'aultruy, desquelles par intercession nous nous sommes enchargéz. Nous a donné occasion de continuer d'en faire notre proffit de votre faveur en la cause pour laquelle avons despeché vers Son Altesse spectable notre chier et feal conseillier Simeon Würstenberger, quest aux fins de icelle supplier à notre nom quil luy plaise oultre tant de graces quavons receu delle nous

vouloir faire don liberal de la liberté, et
delivrance de la personne de madame Den-
tremont en oubliant en notre faveur lof-
fense que la ditte dame luy pourroyt avoir
faicte se contentant du traictement quelle
a jusques icy receu, la remettant en liberté
tant de sa personne que conscience, luy
ordonner si bon luy semble retraicte aux
balliages revenus, etc. Et daultant que
nous scavons votre authorité grace et faveur en ce pouvoir grandement avancer
notre requeste, au bien et proffit de la
dicte dame. Nous vous prions tres-juste-
ment que pour plus ample tesmoingnage
de votre bonne volonté envers nous, il vous
plaise interceder à notre nom, envers Son
Altesse aux fins que dessus par votre dit
moyen et faveur nous puissions obtenir
sa delivrance, ce que réputerons pour le
plus grand et singulier plaisir que pourrions jamais recepvoir, lequel ne fauldrons
recongnoistre et deservir envers votre sei-

gneurie, aux endroicts ou nous aurons
moyen de le faire. Daussi bon cueur qua-
pres nos affectionnées recommandations
prions ce bon Dieu, noble, etc., qu'il vous
doingt augmentement de votre Estat, et
heureuse prosperité. — De Berne, ce 22ᵉ
de septembre 1573. — Glysse Mennimg
ist wissriben vorden an herrn von Mont-
fort. Mutatis mutandis [*sic*].

Sign. l'Advoyer et Conseil de la ville
de Berne.

Tiré des Archives de Berne ainsi que les nᵒˢ V et VI.
Registre des missions diplomatiques. — Communication due à l'aimable érudition de M. le chancelier d'État
de Stürler.

DOCUMENT N° VIII.

Instructions au pieux, prudent, sage et honoré messire Siméon Wurstemberger, envoyé du sér.me Conseil de la ville et cité de Berne à S. A. le duc de Savoie pour en obtenir la libération de madame d'Entremont. — Vous avez appris par l'écrit de M. de Châtillon à nos gracieux seigneurs avec quelles instances sérieuses de la part de personnes ecclésiastiques madame d'Entremont, veuve de M. l'Amiral de France, est tourmentée pour renier la vraie connaissance de N. S. Christ et de son Evangile et à se resoumettre à l'église de Rome, combien cette illustre dame est persécutée, quelles impressions on s'efforce de faire sur son esprit, ne lui laissant d'alternative que le reniement de Christ ou la mort, ce qui est à craindre si elle persiste dans la fidélité à la parole de Dieu. Puisque lesdits M. de Châtillon et madame d'Entremont ont en nos gracieux seigneurs (après Dieu) la meilleure confiance, tant en leur bonne volonté de s'entremettre qu'en la force agissante de leur entremise, pour obtenir la libération de ladite dame de ses tribulations et captivité, et qu'ils ont sollicité que le Conseil dépêche un de ses conseillers vers S. A. le duc de Savoie avec la prière plus que jamais sérieuse et opportune de délivrer la dite dame, le Conseil pour donner suite utile aux sollicitations de ces membres de Notre-Seigneur Christ, ayant pleine confiance en vous, Siméon Wurstemberger, vous donne l'ordre de chevaucher prestement vers S. A. le duc de Savoie et de lui présenter, en premier lieu, d'après les us d'habitude, les saluts

et bons offices de nos gracieux seigneurs.
— Après quoi, vous lui notifierez comment lesdits seigneurs par sentiment chrétien et grande commisération et compassion pour la longue captivité de madame d'Entremont (dont ils ont par devers eux de nombreuses et sûres relations), sachant combien cette dame est pourvue de piété et de vertus, ont pris cette occasion de vous envoyer près de S. A. pour la solliciter avec instances, non pas comme voulant s'interposer dans les raisons que S. A. peut avoir pour tenir en captivité madame d'Entremont, mais seulement pour la supplier de la manière la plus pressante et la plus humble que S. A. voulût, par singulière grâce et amitié dont Elle a si souvent donné assurance à la ville de Berne qui le lui a bien aussi reporté par bons offices et honnêtes courtoisies, qu'Elle voulût consentir par pure charité et bonté extraordinaire la libération

7

de madame d'Entremont et lui permettre
de se retirer dans l'un des trois bailliages
restitués où elle peut vivre tranquille et
avec toute liberté de conscience sous la
protection de S. A. — Mais, si peut-être
S. A. pouvoit croire ou appréhender que
la dite dame d'Entremont voulût se remarier, soit dans les pays allemands, soit ailleurs, vous devrez assurer S. A. au nom
de ladite dame et donner assurance et serment qu'elle n'a l'intention ni d'accepter
une proposition de mariage, ni d'en susciter une, ni d'en faire négocier une en
son nom, ni en aucun lieu, ni avec qui
que ce soit et de quelle condition que ce
soit, sans l'assentiment et le manifeste
désir de S. A. et cela sous peine de perdre
ses biens et sa vie en cas de rupture de sa
promesse. — Par l'acceptation de la dite
requête, S. A. se montrera un noble et
généreux prince, il fera une œuvre agréable
à Dieu et il obligera nos gracieux seigneurs,

ce dont ils lui tiendront bon compte et ne l'oublieront jamais. — Vous ferez sentir tout cela à S. A. avec des paroles douces, gracieuses, à propos, comme vous êtes habile, messire Siméon, de les trouver et manier.

Tiré des Archives de Berne.— Livre des *Instructions secrètes aux agents diplomatiques*, XVII (texte allemand), septembre 1573. — Traduction communiquée par M. le chancelier d'État de Stürler.

DOCUMENT N° IX.

Très-haus, illustres et honorés prinses, je vous mercie très-humblement de la faveur quil vous a pleu de me faire à l'endroit de mon seigneur (Emmanuel-Philibert) et combien que nostre Dieu jusqu'à cette heure ne lui aie voulu amollir le cœur pour avoir compassion de mes trop extrémes et longues afflictions, si me console extrémement de savoir que ce n'est que pour estre chrestienne que je sōuffre tant de mal, et aussi tres-haus et honorés princes de lhonneur quil vous plaist de me faire, et assistance que vous avez donné à mes enfans, seule consolation qui me reste plus en ce miserable monde. Dieu leur face la grace, un jour, vous pouvoir faire service pour eux et pour moy, que ne pouvant autre en ma prison, je prieray notre Seigneur qu'il vous donne très-haus et honnorés prinses, en toute perfection de grandeur repos et contentement, la grace que vous soiez tousjours vrais protecteurs des affligés et défenseurs des innocens. — Du chasteau de Turin, ce 14 octobre 1573. Vostre très-humble, obligée et obéissante servante,

La prisonnière,
JACQUELINE D'ENTREMONT.

Tiré des Archives de Bâle (*Corresp. diplom.*). — Copie authentique de la collection Gaberel, à Genève.

DOCUMENT N° X.

Instructions au noble et sage conseiller Jacob de Bonstetten à cause de son envoi à LL. AA. de Savoie. — En premier lieu, il vous est ordonné de présenter à Leurs Altesses les humbles salutations et les bons offices de nos seigneurs; après quoi vous leur communiquerez les motifs spéciaux de votre délégation. Au nom de nos seigneurs et en raison des jeunes fils de f᷁ M. l'Amiral de France et de madame leur mère qui ont sollicité nos seigneurs de requérir la libération de la dite dame et la main levée du séquestre de ses biens, vous adresserez à LL. AA. le duc et la duchesse la très-humble supplique de vouloir adhérer à leur demande. Il vous est ordonné de présenter cette supplique en différents lieux et en profitant de toutes

les occasions favorables, suppliant LL.
AA. de prendre pitié de cette pauvre
malheureuse dame et de vouloir agréer sa
requête. Si vous ne pouvez obtenir tout
cela, que du moins S. A. amoindrisse autant que faire se pourra la captivité de la
dite dame, veuve de M. l'Amiral, et se
montre pour nos seigneurs de la même fa-
cile et honnête volonté que notre Conseil
est prêt à montrer au regard de S. A. en
remerciement de la grâce singulière et personnelle qu'il aura faite à nos seigneurs.
Mais vous garderez ce qui concerne le soulagement de la captivité en dernier lieu,
lorsque vous verrez que vous ne pouvez
point obtenir sa libération pure et simple,
de prison et de séquestre, malgré vos instances et sollicitude à saisir l'heure du
bon vouloir de S. A. — Tout cela avec
compliments, éloges et paroles appropriées
comme vous en apprendrez l'occasion et
le pourquoi de M. de Courtille que vous

consulterez à ce sujet. Vous donnerez la
réponse à votre retour. — Ensuite, vous
ferez requête pour le cas de M. de Cournaton et prierez prudemment S. A. qu'elle
· euille agréer la supplique dudit seigneur
et lui donner une gracieuse et magnanime
réponse. — Puis, vous aurez à intercéder
dans le même esprit de prudence, de douceur et d'à-propos, pour les quatre gentilshommes de notre religion détenus à Myolans, pour lesquels M. de Cournaton (ou
Cornaton) insiste dans sa dépêche, en tant
qu'ils ne sont prisonniers que pour cause
de religion et non de méfait.— Mais vous
ne ferez mention de ces deux derniers articles qu'après avoir obtenu le premier,
pour qu'ils ne portent point préjudice au
cas de madame l'Amirale, comme il serait
à craindre. — Berne, le 6 avril 1574.

Tiré des Archives de Berne.— *Livre des Instructions
de 1574 (texte allemand).* — Traduction communiquée
par M. de Stürler.

DOCUMENT N° XI.

LETTRE DU CARDINAL D'OSSAT
A M. DE VILLE-ROY.

Du dix huictiesme décembre MDXCVI.
— Le lendemain que j'eus receu vostre
lettre, à sçavoir le samedy dernier novembre, le Pape ne donnant encores lors
audience, je fus trouver monsieur le cardinal Aldobrandin, et luy dits par forme
d'advis une partie de ce que vous m'avez
escrit, que j'estimay estre le plus à propos,
et luy parlay du fait de madame l'Admirale, le priant de la part du Roy, qu'il luy
pleust faire pour elle les bons offices dont
vous m'avez escrit, ce qu'il me promit de
faire. — Le vendredy sixiesme de ce mois
nostre Saint Pere se portant bien, graces
7.

à Dieu, et s'estant remis aux affaires, j'eus
audience de Sa Sainteté; et pour ce que je
n'avois parlé à luy depuis le dix-huic-
tiesme d'octobre je le fus trouver à Fres-
cati, comme je vous ay escrit par cy-
devant, etc. De là je passay au fait de madame l'Admirale, iaçoit que j'en eusse
parlé auparavant à monsieur le cardinal
Aldobrandin, et luy dis ce que vous m'a-
viez escrit de la part du Roy, le suppliant
de ne permettre point qu'il luy fut fait injustice, puisqu'elle estoit remise à son
Nonce. Il me respondit qu'elle n'y avoit
point esté remise autrement, mais qu'elle
estoit imputée de crimes, dont la cognois-
sance appartient à l'Inquisition privative-
ment à tous autres juges : et néantmoins
monsieur de Savoye vouloit qu'au procès
assistast un de ses senateurs, et avoit jusques à présent retenu par devers soy toutes
les informations ; ce que Sa Sainteté ne
trouvoit bon. Au demeurant qu'elle estoit

imputée de Sorcellerie et de Magie, d'avoir
invoqué, adoré et encensé les diables,
d'avoir fait endiabler *une fille qu'elle avoit
de feu monsieur de Savoye père de
cettuy-ci*, et de faire telles autres choses :
qu'il ne permettroit point qu'il luy fut
fait injustice, mais que les imputations
estoient si atroces, qu'on ne pouvoit de
moins que de voir que c'estoit.

DOCUMENT N° XII

Du xvi *janvier* MDXCVII. — Au demeurant le x de ce mois 2 heures avant
qu'aller à l'audience, je receus lettre de
monsieur le connestable et de la fille de
madame l'Admirale, j'en parlay au Pape
conformément à leur désir, mais Sa Saincte-
teté ne peut faire grand chose pour elle,
que premierement le poinct de la jurisdiction ne soit décidé, lequel monsieur de
Savoye va embrouillant tousjours de plus
en plus. Car du commencement il ne de-
mandoit, si non qu'un de ses senateurs
assistant au procez avec le Nonce de Sa
Sainteté, et maintenant il prétend que ses

juges en doivent cognoistre seuls sans le
dit Nonce, n'estant question que de simple
sortilège sans invocation du diable, comme
ils disent à présent, combien qu'auparavant
ils en ayent dit tous les maux que je vous
escrivis par mes lettres du mois passé. Par
où vous voyez que du commencement pour
donner à Sa Sainteté mauvaise impression
de cette pauvre dame, ils en ont dit tout
le pis qu'ils ont pû, et mesme qu'elle estoit hérétique relapse, sans s'appercevoir
que par là ils fondoient la jurisdiction du
dit Nonce ; et maintenant pour pouvoir
disposer à leur aise d'elle et de ses biens
sans empeschement du dit Nonce, ils se
réduisent à simple sortilège, lequel encores doit estre aussy peu vray que le
reste dont ils se dédisent. Laquelle obser-
vation je representay à Sa Sainteté, et pris
de là occasion de la supplier de ne leur
croire rien cy-après d'elle, et d'avoir pitié
de cette pauvre dame, qui n'estoit tra-

vaillée que pour l'envie qu'on avoit de son bien, et de le faire servir de partage à un de tant de petits louveteaux qui se nourrissent aux pieds de ces monts, d'où l'on escrit qu'on y arreste les courriers de France, comme vous l'avez entendu d'ailleurs.

DOCUMENT N° XIII.

DU MÊME AU MÊME.

Du xviii *fevrier* MDXCVII. — Je parlay tout à la fin de madame l'Admirale,
comme j'avois fait en mes audiences des
vingt quatre et dernier janvier, conforme-
ment à ce que je vous en ay escrit par cy-
devant, et il me fit les mesmes responces
qu'il m'y avoit ja faites. Le poinct de la
jurisdiction est encores pendant et indécis :
et *comme les choses sont grandement
longues à Rome,* il y a danger que cela ne
traisne trop longuement. J'ay conseillé à
ceux qui m'en ont escrit de Turin, qu'ils
demandassent qu'elle eust sa maison pour
prison, au moins en baillant caution,
pendant ce conflict de jurisdiction qui
pouvoit aller trop à la longue.

DOCUMENT N° XIV.

LETTRE DU CARDINAL D'OSSAT AU ROY.

Du xx avril MDXCVII. — Pour le regard de madame l'Admirale, le Pape par l'avis de messieurs les cardinaux de l'inquisition, a jugé que la connoissance luy en appartient, et a commis la cause à son Nonce près Monsieur de Savoye ; et pour avoir aucunement esgard au desir de mon dit sieur de Savoye, s'est contenté que l'Archevesque de Thurin y intervint avec M. le Nonce. Cependant la pauvre Dame patist en prison, et comme j'ay cy-devant escrit à Vostre Majesté, nous sommes tousjours après à luy faire bailler sa maison de Thurin pour prison, et monsieur de Luxembourg s'est aperceu d'une chose

qui seroit fort bonne pour cette pauvre af-
fligée, si on la pouvoit obtenir, à sçavoir
que le Pape mandast qu'on la luy en-
voyast icy, pour en cognoistre luy-mesme ;
mais avant qu'en rien dire par deça, nous
avons escrit à Thurin pour en sçavoir
l'advis de la dite Dame, ou au moins de sa
fille.

DOCUMENT Nº XV.

Du xxviii *juin* MDXCVII. — Depuis vous avoir escrit ma lettre précédente, qui vous sera rendue avec celle-cy, j'ay receu une lettre de Thurin de la fille de madame l'Admirale du vingt-quatriesme de ce mois, avec laquelle elle m'a envoyé un feuillet escrit des deux costez de la main de la dite dame Admirale; où par forme de dialogue sont entreveues les interrogations que le président Vivaldo, qui a esté nommé par le duc de Savoye par décret du Nonce pour assister au procez de la dite dame Admirale, luy fit le sixiesme juin, et les responses qu'elle luy rendit. La lettre V signifie le dit Vivaldo, qui a esté nommé par le duc de Savoye et la lettre A signifie la dite dame l'Admirale. Je vous envoye la dite feuille ; *vous y verrez comme un des plus grands crimes que cette pauvre dame aye commis, est d'avoir Antremont, place forte en Dauphiné, que monsieur de Savoye luy veut extorquer, pour s'en servir contre le Roy et contre la France.* La dite fille me recommande que la chose soit tenuë fort secrette ; mais en vous envoyant le dit escrit, comme monsieur de Luxembourg l'a trouvé bon, il ne se fera rien contre son intention.

DOCUMENT N° XVI.

LETTRE DU MÊME AU MÊME

Du xv juin **MDXCIX.** — J'ay esté requis de vous escrire que madame l'Admirale est tousjours détenuë en prison, et aussy maltraitée que jamais, et n'espère-t-on point que le duc de Savoye la mette jamais en liberté, si ce n'est par le moyen du mariage de sa fille ; qu'il ne souffrira jamais que la dite fille soit mariée, sinon à quelque personnage qui luy soit confident, et qu'on se trompe de pe .. ᵔr autrement, et qu'à la fin il en faudra venir là, ou bien cette pauvre damoiselle ne sera jamais mariée, ny sa mère délivrée ; que de ceux qui sont confidens au duc, le plus

tolérable de tous semble estre le sieur de
Meuleon, qu'on dit estre de la maison
d'Albon, de bonne et ancienne noblesse,
et bien composé de corps et d'esprit.
Qu'encores qu'il ne soit si grand seigneur
comme il seroit à desirer, ce neantmoins
cela seroit aucunement recompensé par
plusieurs graces naturelles et acquises
dont il est doué, et parce que la fille *a
plus de vertus et de biens que de beauté
ny de santé*, et par la délivrance de la
mère et de ses biens qui s'en suivroit et
par la préservation du danger qu'il y a
que cette pauvre dame ne meure en prison,
et qu'elle morte on ne marie la fille par
force à quelqu'autre avec lequel elle ne
sera si bien, *et qu'on ne la fasse mourir
elle-mesme, pour avoir ses biens qu'on a
déjà dévorez par espérance*; et en somme,
parce que quand l'on ne peut faire comme
l'on voudroit, il est honneste et expédient
de s'accommoder à ce qui est le moins de

mal, et sortir d'un mauvais passage en la façon la plus tolérable que faire ce peut. Et pour ce qu'en quelque manière que ce soit on ne doit rien faire sans la permission du Roy et de monsieur le connestable, on m'a requis de vous en escrire, afin que si vous estimez que la chose fut faisable, il vous pleust à vostre commodité en sçavoir l'intention du Roy et de monsieur le connestable. *Ceux qui mettent cecy en avant sont Venitiens* bien affectionnez à madame l'Admirale et mademoiselle sa fille, qui se sont fort employez pour elles par cy-devant, et qui en ont compassion plus que jamais. Madame l'Admirale *ne sçait encores rien de ce party*, et pense-t-on qu'elle aura besoin d'y estre exhortée plustost qu'autrement, je m'en remets du tout à vostre bon jugement, etc.

DOCUMENT Nᵒ XVII.

DU MÊME AU MÊME

Du xvii *décembre* MDXCIX. — Par ma derniere lettre que je vous escrivis comme j'avois esté recherché de vous ramentevoir de faire quelque office pour la délivrance de madame l'Admirale, quand monsieur de Savoye seroit près le Roy ; mais nous avons depuis appris que Dieu l'avoit delivrée d'une autre sorte en l'appellant à soy ; *elle a fait une très-chrestienne et belle fin.* Maintenant il ne reste qu'on pourvoye à sa fille en la meilleure sorte qu'on pourra ; mais il y a danger que tant plus que le Roy et les siens se monstreront soigneux d'elle, elle en soit d'autant plus maltraitée. *Le comble de ses désirs seroit d'estre en France, hors la puissance de ceux qui bayent et halèttent après ses biens,* mais si l'on s'en apperçoit on l'en tiendra plus court.

Les sept lettres qui précèdent sont tirées des *Preuves de l'Histoire de l'illustre maison de Coligny,* par le sieur du Bouchet, etc. Édition de Jean Dupuis. Paris, 1662, in-folio, pages 573 à 577.

DOCUMENT N° XVIII.

NOTE DE L'AUTEUR.

Dans sa lettre du 18 décembre 1596 à M. de Villeroy, le cardinal d'Ossat, rendant compte d'un entretien qu'il vient d'avoir avec le Pape au sujet de madame d'Entremont, rapporte que, d'après le dire de S. S., on accusait, entre autres méfaits, la veuve de Coligny d'avoir *endiablé une fille qu'elle avoit eue de feu M. de Savoye père de cettuy-ci.* Je n'ai trouvé nulle part la moindre allusion à ce fait ; il est probable que ce fut l'une de ces infamies dont on chargeait la prisonnière, ainsi que le rapportent Hotman, d'Ossat et les princes allemands ; l'une de ces calomnies dont l'invraisemblance aurait dû préserver la noble victime. On a dit du duc Emmanuel-Philibert qu'il était fort galant et peu scrupuleux dès qu'il s'agissait de satisfaire un caprice. Mais ces allégations des écrivains protestants ne sont point corroborées par les récits intimes des ambassadeurs vénitiens qui n'eussent pas manqué de tirer profit de la chronique scandaleuse de Turin ; ils sont unanimes, au contraire, à louer la dignité du duc Emmanuel-Philibert, sa parfaite loyauté dans les relations de la vie, sa délicatesse de cœur. Il n'eût pas abusé de l'isolement où de la défaillance d'une prisonnière ; le fait dont parle d'Ossat n'était possible que si madame d'Entremont eût été libre.

Il est si malaisé à l'histoire de ressaisir le vrai alors qu'il s'agit d'un événement public et considérable qu'on est mal venu à scruter les mystères d'alcôve. Je ne prétends point d'ailleurs qu'Emmanuel-Philibert, malgré son génie et ses royales

vertus, ait eu des mœurs irréprochables ;
le XVIᵉ siècle ne l'admettait pas. On sait
par ses apologistes officiels (GUICHENON,
Savoie, édition de Lyon, page 703) qu'il
laissa bon nombre d'enfants illégitimes,
et l'avocat bressan ajoute *qu'il n'eut pour
belles amies que des filles de grande
maison :* Dom Amé de Savoie, marquis de
Saint-Rambert et comte de Conflans, était
fils de Lucrèce Proba, de Turin ; dom
Philippin, tué en duel par Créquy après
de romanesques aventures, avait pour
mère la fille de Martin Doria, général des
galères ; le seigneur de Tarnavas naquit
de la dauphinoise Suzanne des Adrets. On
ne connaît pas les mères de Marie, de Béatrix et d'Othon de Savoie, non plus que
celle de Mathilde, marquise de Pianezze.

Voir, pour plus de détails, mon *Histoire de Savoie
d'après les documents originaux* (3 vol. in-8°. Chambéry, 1868-1869), d'où j'ai détaché cet épisode des
mœurs publiques et privées du XVIᵉ siècle.

DOCUMENT N° XIX.

CONTRAT DE MARIAGE DE BÉATRIX DE COLIGNY AVEC LE BARON DE MEUILLON.

(30 novembre 1600).

Al nome del nostro signore Giesu-Christo sia lanno de sua nativita mille sei cento, la decima terza indittione, e l'ultimo giorno del mese di novembre, fatto in Torino, e nella Camera del serenissimo Principe, alla presenza delli molto illustrissimi Signori Carlo Francesco conte di Luserna, consiliere di stato, e Maggior domo maggiore Antonio Forno primo scudiere di loro Altezze, e Claudio Guicciardo signore d'Arandat, consiliere e primo referendario desso serenissimo principe testi-

monii all' infra scritte cose rechiesti, e astanti. Ad ogni uno sia manifesto come conciosia che di buon volere, e consenso del serenissimo signore il signore Carlo Emanuel per gratia di Dio Duca di Savoya, Principe di Piemonte, signor nostro, etc. si sia trattato di contraher matrimonio tra l'illustrissimo signore CLAUDIO-ANTONIO D'ALBON, Barone di Mouillon, da una parte : E l'illustrissima signora Donna BEATRICE DI COLLIGNY DI MONTBEL, contessa d'Antremont, dalli altra parte. Pertio desiderando esse di venir a l'essecutione del sudetto trattato havuto di nove l'ordine si detta sua Altezza di cosi fare ; Ecco che al conspetto del serenissimo signore il signore serenissimo Philippo per gratia di Dio Principe di Piemonte, etc. Personalmente constituti li sudetti signori CLAUDIO-ANTONIO D'ALBON barone di Moullion : E la signora donna BEATRIX DI COLLIGNY contessa di Antremont e di Montbel, spontaneamente di loro certa scienza per loro, loro heredi, e successori conforme a gl' infra scritti, et gia convenuti articoli, et per pieno effetto, et compimento dessi detti signori CLAUDIO - ANTONIO D'ALBON barone di Moullion, promette di sposare presentemente per sua legitima sposa la sudetta signora donna Beatrice di Colligni, contessa di Montbel et d'Antremont, secondo gli ordini et riti di santa madre Chiesa : et nel medesimo modo detto signora donna Beatrice, contessa d'Antremont, promette d'accettare per suo legitimo sposo e marito il sudetto signore Claudio Antonio d'Albon barone di Meullion. — E perche la dotte sequella del matrimonio, percio detta signora donna Beatrice, contessa d'Antremont, auro meglio detto signore Barone di suo consorte possi suportare il carico matrimoniale, di sua certa scienza spontanea, et libera volonta ha datto, et constituto al detto signore barone di Meullion, suo legitimo sposo mi presente, stipulante, ed accettando per se suoi heredi, e successori in dote, et a nome di dote, cio e la somma di scudi cinquanta mila d'oro in oro d'Italia, quali ha hypotecati, et assicurati specialmente sopro il suo Castello, e redditi di santo Andrea di Briore, e generalmente sopra tutti altri suoi beni l'hessa signora Contessa tiene, et possede ne gli stati di sua Altezza di la da monti quali uvole, e dichiara restino hypotecati, ed obligati per sicurezza di detta dote, e per la somma sopra specificata solamente e non altrimente : Ed alla qual dote come sopra constituta detto signor Barone di Meullion per se suoi heredi, e successori ha fatto e sa sopra dote, ô sia augmento nuptiale della somma di scudi vinti cinque mila d'oro in oro quali ha

hipotecato ed assicurato, hipoteca ed assi-
cura sopra suoi tutti beni mobili, e sta-
bili presenti e da venire, quali si consti-
tuisce tenere, e possedere per observanza
di quanto sopra, e di qual augmento
detto signore Barone di Meullion per se,
et suoi predetti hæredi si ha fatto, et fa
alla detta signora donna Beatrice contessa d'Antremonti presente ed accettante donatione qual si dice per causa
delle nozze, ed oltro il sudetto augumento
detto signore Baronne di Meullion per
se, ed suoi predetti heredi ha fatto, et fa
alla detta signora contessa d'Antremonti sua sposa presente, ed accettante
dono di tutte li vesti e gioie che in
questa occasione gli saranno date et fate,
le quali dote metta del augumento sudetto, gioie, verti ô sia il loro vero va-
lore, cio e di quelli quali non saranno
consumate per uso della signora Contessa, detto signore Barone per se, e

suoi predetti ha promesso, e promette restituire alla detta signora contessa d'Antremonti presente accettante, e stipulante in ogni evento della restitutione dessi non arpellato eti andro l'anno e giorno della dissolutione del matrimonio: Il tutto sotto li patti tra loro accordari, e da sua Altezza approuvati sotto li diccenove di luglio d'ell'anno presente inirealmente presentati e letti di parola in parola alla presenza di sua Altezza e signori tectimonii per gia detto, e sotto signato primo segretatio di suæ Altezza, e qua sotto inscriti di parola in parola, insieme con l'approbatione di sua Altezza, il cui tenor seque, ed e tale.

Articles accordez pour le mariage traitté et conclu suivant le bon plaisir de Son Altesse, entre très-illustre seigneur messire Claude-Antoine d'Albon, baron de Meullion, d'une part; et très-illustre dame Béatrix de Colligny, comtesse d'Entremont et de Montbel, d'autre. — En premier lieu et avant toutes choses, ayant pleu à Son Altesse d'agréer le mariage entre les susdites parties, elles la supplient très-humblement de vouloir autoriser les articles suivans, comme faits et conclus suivant sa bonne volonté, conformément à laquelle, tant ledit seigneur baron de Meullion que ladite dame comtesse, promettent réciproquement de se prendre pour mari et femme avec les solennitez et ordres que requiert nostre mère la sainte Église ; et ce à la première requeste que l'une des parties en fera à l'autre. — Et d'autant que la dot est attirée en conséquence du mariage, à cette fin que les charges d'iceluy en soient plus facilement suportées, ladite dame constitue audit seigneur de Meullion, son futur époux, en dot et pour dot, la somme de cinquante mil escus d'or, laquelle somme elle asseure

et hypothèque spécialement sur la seigneurie, chasteau et revenu de Saint-André de
Briord, et généralement sur tous et un
chacun ses autres biens delà les monts
rière les Estats de Son Altesse. — A esté
accordé en outre que ledit seigneur de
Meullion fera et constituera, comme il
fait et constitue dès à présent à ladite
dame augment dotal, ou soit donation ap-
pelée à cause de nopces, de la somme de
vingt-cinq mil escus d'or, lesquels il hypothèque sur tous et un chacun ses biens
présent et à venir quelconques. — Plus a
esté convenu et accordé, que venant ledit
seigneur de Meullion à prédécéder sans
avoir lignée du présent mariage, ladite
dame gagnera de plein droit la moitié dudit augment dotal, ou soit donation à cause
de nopces ; ensemble toutes les robes,
bagues, joyaux et autres choses destinées
pour son usage ou service de sa personne,
de toutes lesquelles choses ledit seigneur

de Meullion sera tenu l'assortir, et maintenir pourveuë et garnie selon sa qualité
et grandeur; et en cas que ladite dame
vienne à prédécéder sans enfans issus du
présent mariage, ledit seigneur de Meullion gagnera la moitié du dot susdit, ou
bien jouira entièrement d'iceluy sa vie
durant, le choix de l'un ou l'autre à luy
réservé, comme en semblable le choix est
réservé à ladite dame pour le regard du
susdit augment dotal. — D'abondant a
esté convenu et accordé que venant du
présent mariage, l'une et l'autre partie
désire et espère de la divine bonté, à
naistre un ou plusieurs enfans, la succession des biens de ladite comtesse, tant do-
taux qu'autres procédez de la maison de
Montbel ou autrement, tant seulement ait
à se régler ou appartenir par droict et en
forme de primogéniture au premier né
masle; et au défaut des masles à la première fille née, comme aussi au deflaut des

premiers au second, et d'iceux au troisième né et autres ensuivans selon l'ordre de primogéniture en infini, en manière que les masles soient perpétuellement préférez aux femelles, et la ligne plus proche collatérale à la plus esloignée, le tout selon que ladite dame viendra à disposer et ordonner pour le mieux, de quoy faire elle se réserve plein pouvoir et liberté, comme plus amplement est spécifié en l'article suivant, déclarant néantmoins qu'icelle n'en venant point autrement à disposer, le présent article sorte son plein et entier effet ; à la charge et condition perpétuelle, qu'iceux tant masles que femelles premiers nez et leurs successeurs esdits biens en infini, porteront à tousjours mais lesdits noms et armes de la maison de Montbel d'Antremont pures et simples, à laquelle charge et condition ils jouiront desdits biens d'Antremont et non autrement. — Plus a esté convenu et

accordé que ladite dame comtesse demeurera entièrement et absolument dame et
maîtresse de tous et un chacun de ses biens,
non constituez en dot audit seigneur baron de Meullion, pour d'iceux pouvoir librement disposer, tant des fruits que de la
propriété, tout ainsi que bon luy semble-
ra, soit entre-vifs et en dernière volonté,
laquelle clause et réserve elle veut et en-
tend estre tenuë pour mize et répétée, tant
au commencement, milieu, qu'à la fin, et
en chacune partie des présens articles et
conventions. — D'avantage, sera tenu ledit seigneur de Meullion délivrer dès à
présent en comptant la somme de six mil
escus d'or, pour icelle somme estre em-
ployée aux réparations requises et nécessaires des biens, chasteaux, seigneuries et
rentes de ladite dame comtesse, lesquels se
trouvent aujourd'huy, par la calamité des
guerres passées, tellement détériorez, que
s'il n'y estoit autrement pourveu ils pour-

roient tomber en entiere ruine, de laquelle somme néantmoins ledit seigneur demeurera tellement asseuré sur lesdits biens, que tant luy que ses enfans procréez du présent mariage y auront la deuë hypothèque spéciale pour en estre remboursez.

Fait et accordé à Thurin le dix-septiesme jour de juillet mil six cens.

Signé : *Claude-Anthoine d'Albon.*
Béatrix de Montbel.

Seque il tenore della approbatione di Sua Altezza Serenissima. — Tous et un chacuns les articles sus escripts nous ayant esté leus distinctement et de point en point et les ayans trouvés entièrement conformes à nostre volonté, non-seulement nous avons permis, tant audit seigneur de Meullion que à la dame comtesse d'Antremont, de les signer et effectuer, ains pour totale confirmation d'iceux, et pour tesmoignage

asseuré à la postérité, combien nous avons
agréé et agréons le mariage d'entre les
deux susdites parties, avons voulu autoriser le tout, tant de nostre présence que de
la signature du présent escrit. Nous réservant de faire plus à plein ressentir et
cognoistre, tant à l'un qu'à l'autre, les
effets du contentement que nous recevons
de leur mariage, et la particulière affection
que nous avons de les favoriser, gratifier
et avancer de plus en plus, aux honneurs
et grades que de toute ancienneté a ob-
tenus la maison de Montbel et Antremont
rière nos Estats, la grandeur et la gloire
de laquelle nous espérons remettre et res-
tablir en la première splendeur par ce
moyen. Fait à Thurin l'an et jour que
dessus dix-septiesme jour de juillet mil
six cens.

Firmata : CARLO EMANUELE.
Sotto signata : RIPA.

Le quali conventioni, patti ed ogni cosa nel presente instrumento contenuta le sudette patti ed ogni una d'esse per loro heredi, e successori hanno datto et affermato esser state, ed esser vere, e quelle promesso d'osservare con giuramento, e predetti signori Barone di Meullion, et contessa, prestati toccate corporalmente le scritture nelle mani di me nodaro sotto signato, ed a quelle non contravenire in modo alcuno per qualcunque ragione ed causa, ancor che di ragion potessero ó alcun di loro potesse, anzi d'haverle perpetuamente grate, valide, e ferme, sotto l'hypoteca ed obligio di tutti loro beni feudali, allodiali, mobili ed immobili, ragioni e attioni presenti, e da venire, tanto proprii che dotali con risettione d'ogni danni, spece ed interesse d'ogni litte, e fuori che caduna d'esse parti potesse patire per osservanza d'elle cose predette. E detto

signore Barone di Meullion per se suoi
heredi, e successori ha hypotecata et
assicurato le sudette doti ed accessorii
sopra tutti suoi boni fuedali, e rusti-
cali quelle specialmente hypotecando
constituendori sin adessa, e per l'ave-
nire di tenerli, e possederli a nome di
detta signora Beatrice , e suoi per l'an-
ticha osservanza e sicurezza del contenuto nel presente publico instromento,
constituendori parimente detta signora
Beatrice contessa d'Antremont, di tener
e posseder tutti li suoi beni al nome del
sudetto signore Barone per l'intiera so-
disfattione, ed osservanza del contenuto
nel presento instromento verso il pre-
detto signore Barone, renonciando dette
parti all' accetione di tutti le sudette
cose, e massime d'elle contenute nelli
sopra scritti inserti capitali non siano
come sopra state dette e fatte, o altre-
mente detto e fatto che scritto, e del

dolo malo, foria inganno, timore, all'
altione in fatto, e conditione sensa, o
per ingiusta causa, a tutti i privilegii,
statuti, diritti, liberta, franchisie, e ad
ogni altro aiuto delle leggi, e di ragione con le quali contro le sudette cose,
o alcuna d'esse venio potessero, o altrimente come si voglia defenderzi respet-
tivamente, e specialmente detta signora
Beatrice ulla lege Julio de fundo dotali,
ed ad ogni altra legge, e constitutione
la quale prohibisca l'alienatione obligatione, e hypoteca alle donne di lero
beni, e fundo dotali, ed altri a quali essa
ha rinuntiato e rinuntia; supplicando
humilmente sua Altezza Serenissima a
Volergli derogare si sia besogno altio-
che non osteno alla sua presente, sua
promessa ed obligatione, ed a Volerli in-
terponer l'autorita, confenso, e decretto
suo per maggior validita e vigore come
cosi detta Sua Altezza insequendo l'or-

dine e buon volere del serenissimo signore Duca suo padre ghi ha interposto,
e interpone la detta sua autoritta, e
decretto per maggiore sicurezza e validita delle cose sopra contenute alla
presenza de testimonii sopra nominuti :
delle quali cose tutte, detta sua Altezza,
e signori sudetti hanno richiesto me gia
detto Nodaro primo segretario di state
e finanze di sua Altezza sotto signato
di riceverne due publicari instromenti,
cio e uno per caduna desse parti, e piu
si sia bisogno a correttione de sapienti.
— Il sopra scritto instromento dotale
ben che d'altrui manscritto, e fattone
la debita collatione c'ol protocolo l'ho
trovato concordare richiesto l'ho rice-
vuto, e levato come sopra si vede, Agos-
tina Ripa. Cittadino di Thurino Consi-
gliere, Nodaro e primo Segrettario di
Stato e finanze di Sua Altezza qua con
le miei soliti segni manuale e tab.le sotto

.posito in fede di tutte le sudette cose

Signé : Ripa.

Tiré des Archives royales de Turin. — *Famiglie di Savoja.* — *Mazzo particolare di Montbel-Entremont.* (*Protocolo del Real casa*, cix, *del 979 al 993.*)

TABLE DES PREUVES

ET

Documents inédits.

———

5. Dépêche de l'Avoyer et du Conseil de Berne au duc de Savoie (21 septembre 1573). — *Inédite.*

6. Dépêche des mêmes à la duchesse Marguerite (22 septembre 1573). — *Inédite.*

7. Dépêche des mêmes au sieur du Mollard (22 septembre 1573). — *Inédite.*

8. Instructions secrètes données à l'ambassadeur Siméon Würstenberger (septembre 1573). — *Inédites.*

9. Lettre de madame d'Entremont aux Seigneurs de Bâle et de Berne (14 octobre 1573). — *Inédite.*

10. Instructions secrètes données à l'envoyé spécial Jacob de Bonstetten (6 avril 1574). — *Inédites.*

11 à 17. Sept lettres du cardinal d'Ossat, ambassadeur de France à Rome, au roi Henri IV et au ministre Villeroy (de 1596 à 1599).

18. Note sur les enfants illégitimes du duc Emmanuel-Philibert.

19. Contrat de mariage de Béatrix de Coligny avec le baron de Meuillon (30 novembre 1600, texte italien), contenant les articles préliminaires du 17 juillet 1600 (texte français) approuvés le même jour par le duc Charles.

Arras, typ. Rousseau Leroy.

www.ingramcontent.com/pod-product-compliance
Lightning Source LLC
Chambersburg PA
CBHW060800110426
42739CB00032BA/2299